U0800339

青藏铁路多年冻土区路基维护技术手册

中国铁路青藏集团有限公司
中铁西北科学研究院有限公司　编著

中国铁道出版社有限公司

2025年·北　京

内 容 简 介

本手册总结了青藏铁路多年冻土区路基工程维修养护经验，以期进一步提高青藏铁路多年冻土区路基工程维修管理水平，包括总则、冻土分类和工程特性、多年冻土区路基检查与病害调查、多年冻土路基维修养护、多年冻土区路基病害勘察与试验、多年冻土区路基病害整治、路基病害治理工程施工、临时工程布设、多年冻土区路基工程监测、环境保护共10章及6个附录。

本手册可作为路基工程维护部门管理干部、技术人员和现场技术工人的工具书，亦可供相关科研、设计技术人员参考。

图书在版编目(CIP)数据

青藏铁路多年冻土区路基维护技术手册 / 中国铁路青藏集团有限公司，中铁西北科学研究院有限公司编著. 北京 ：中国铁道出版社有限公司，2025. 1. -- ISBN 978-7-113-31745-4

Ⅰ. U213.1-62

中国国家版本馆 CIP 数据核字第 2024ME7674 号

书　　名：青藏铁路多年冻土区路基维护技术手册
作　　者：中国铁路青藏集团有限公司　中铁西北科学研究院有限公司

责任编辑：郝　琳　　**编辑部电话：**(010)51873656
封面设计：刘　莎
责任校对：苗　丹
责任印制：高春晓

出版发行：中国铁道出版社有限公司(100054，北京市西城区右安门西街8号)
网　　址：https://www.tdpress.com
印　　刷：北京铭成印刷有限公司
版　　次：2025年1月第1版　2025年1月第1次印刷
开　　本：880 mm×1 230 mm 1/32　**印张：**3.25　**字数：**67千
书　　号：ISBN 978-7-113-31745-4
定　　价：40.00元

版权所有　侵权必究

凡购买铁道版图书，如有印制质量问题，请与本社读者服务部联系调换。
联系电话：(010)51873174，打击盗版举报电话：(010)63549461

编 委 会

主　　任： 郭吉安

副 主 任： 马　勇

主　　编： 王进昌　刘有乾　韩龙武　程　佳

编写人员： 王志伟　熊治文　李青海　米维军
赵相卿　董添春　冯　辉　李　林
党海明　李永强　王党站　苗学云
李　勇　杨晓明

序

青藏铁路格拉段作为21世纪之初国家西部大开发的重大战略性工程建设项目,2001年7月1日开工建设,2006年7月1日通车运营。历经5个春秋,数万名建设大军在“生命禁区”冒严寒、顶风雪、战缺氧,以惊人的毅力和勇气,挑战极限,战胜各种难以想象的困难,攻克了“高寒缺氧、多年冻土、生态脆弱”三大世界性难题,谱写了人类铁路建设史上的光辉篇章。青藏铁路建设者以敢于超越前人的大智大勇,拼搏奋斗、开拓创新、不懈努力,在雪域高原上筑起了中国铁路建设新的丰碑,也铸就了“挑战极限,勇创一流”的青藏铁路精神。

这条世界上海拔最高的铁路,采用了片块石路基、以桥代路以及热棒路基等特殊路基结构措施,顺利穿越了约550公里的多年冻土区。它的成功修建,代表了我国多年冻土区铁路筑路技术达到了国际领先水平。把铁路建设好很重要,维修养护好更重要。青藏铁路运营18年以来,中国铁路青藏集团有限公司工务部门干部职工通过不断探索,辛勤工作,使青藏铁路格拉段多年冻土区路基状态保持良好并始终按设计时速100公里安全运营,践行了“挑战极限,勇创一流”的青藏铁路精神,充分体现了以艰苦奋斗、创新奉献、坚守担当等为代表的青藏铁路人的风貌。

本手册在总结运营期青藏铁路多年冻土区路基工程维护

经验和科研成果的基础上，借鉴了国内外相关多年冻土区铁路路基运营养护技术实践和成功经验，重点对多年冻土区的路基检查、病害调查、维修养护及病害治理等方面进行了研究，做出了详细的规定，反映了多年冻土路基工程维修养护的新思路、新技术、新方法，具有很强的指导意义和可操作性，为青藏铁路的安全运营，为其他相似铁路的维修养护提供了技术支撑。作为青藏铁路的建设者和安全运营的见证者，我深感欣慰和自豪。手册的出版将使我国以青藏铁路为代表的多年冻土区路基工程设备维护技术再上新台阶。借此机会，我祝愿祖国铁路建设事业再创新辉煌。

2024年7月

前　言

青藏铁路格拉段自2006年7月1日建成通车，通过多年冻土区长约550公里，是世界上海拔最高、运营时速最高的多年冻土区铁路，也是目前世界上穿越多年冻土里程最长的高原铁路。

半个多世纪以来，青藏铁路的建设、修建和运营维护面临广泛的高温及高含冰量冻土问题，同时也受到全球气温升高、运营期间人为活动及环境变化引发的地质病害等不良影响的挑战。冻土问题是修建青藏铁路所面临的最大难关，而攻克冻土难题是确保青藏铁路工程质量稳定和安全运营的关键所在。多年来，历经三代冻土工程技术人员的努力，我国在多年冻土地区铁路修筑的技术创新中获得了大量的研究成果和工程实践经验，先后取得了丰硕的研究成果：块石路基、热棒路基、隔热层路基、通风管路基、遮阳棚路基；桥梁桩基、涵洞基础、隧道防排水工程；房屋基础、给排水工程；冻土区挡土墙工程等。上述成果均已纳入我国多年冻土区铁路勘察、设计和施工的规程规范中，成为多年冻土区新建铁路设计施工和已有铁路维修养护的依据。

截至目前，青藏铁路格拉段已安全运营近20年，充分证明了采用上述创新成果修建和维修养护的高原多年冻土区铁路是成功的，我国多年冻土地区的铁路建设及运营管理已达国际领先水平。这不仅是我国多年冻土区铁路筑路技术研究成就的集中体现,也是“挑战极限,勇创一流”青藏铁路精神的高度概括。广大建设者在“生命禁区”以不畏艰险的英雄气概和求真务实的科学态度,挑战生理心理极限,攻克“多年冻土”世界性工程难题,以敢于超越前人的大智大勇,建设世界一流高原冻土铁路,见证了世界铁路建设史的奇迹。

为进一步提高青藏铁路多年冻土区路基工程维修管理水平,统一技术标准,特制定本技术手册。本手册在编写过程中,参考了《青藏铁路高原多年冻土区工程设计暂行规定》《青藏铁路高原多年冻土区路基工程(含环保)施工技术细则》《冻土工程地质勘察规范》《冻土地区建筑地基基础设计规范》等规范和中国铁路青藏集团有限公司相关管理文件。在编制过程中,认真总结了运营期青藏铁路多年冻土区工程维护的经验和科研成果,学习和借鉴了国内外相关先进的多年冻土区铁路路基运营养护技术和经验,重点对多年冻土区的路基检查、病害调查、维修养护及主要病害整治技术的原则、方法、适用条件和施工注意事项等进行了规定,反映了多年冻土路基工程维修养护的技术特点。

本手册包括总则、冻土分类和工程特性、多年冻土区路基检查与病害调查、多年冻土路基维修养护、多年冻土区路基病害勘察与试验、多年冻土区路基病害整治、路基病害治理工程施工、临时工程布设、多年冻土区路基工程监测及环境保护共10章及6个附录。

本手册由中国铁路青藏集团有限公司和中铁西北科学研究院有限公司合作编写,可作为路基工程维护部门管理干部、技术人员和现场技术工人的工具书,亦可供相关科研、设计技术人员参考。希望各使用人员及单位结合工程实践，认真总结经验，积累资料，及时提出修改补充意见。

本手册在编制过程中，得到了中国国家铁路集团有限公司中国铁道学会工务委员会的审查，在此谨表感谢。

编委会

2024 年 5 月

目　录

1 总 则

1.0.1 铁路路基是轨道的基础，是重要的土工结构物。为加强青藏铁路多年冻土区路基的修理工作，提高设备抵御灾害和适应运输的能力，保持线路稳定，确保铁路运输安全畅通，特制定本手册。

1.0.2 铁路路基设备应符合《铁路技术管理规程》和中国国家铁路集团有限公司等有关规范的规定。对不符合规定的路基设备，应根据其运营条件与技术状态有计划地进行改造。

1.0.3 路基维修工作应贯彻"预防为主，检修并重，综合整治，排水第一"的原则，做到综合维修、小型病害整治与经常保养相结合，应重视检查和巡守工作，对路基病害应治早、治小，防患于未然。

1.0.4 针对多年冻土区工程病害的整治应本着"先治水，后补强；先环境，后工程"的原则进行。

1.0.5 本手册适用于青藏铁路多年冻土区的路基工程。

2 冻土分类和工程特性

2.1 冻土的定名和分类

2.1.1 根据土冻结状态的持续时间,可分为季节冻土、隔年冻土与多年冻土,见表2.1.1。冻土相关名词解释见附录A。

表2.1.1 按冻结状态持续时间分类

类　型	冻结状态持续时间 T	地面温度特征/℃	冻融特征
多年冻土	$T \geqslant 2$ 年	年平均地面温度≤0	季节融化
隔年冻土	2 年 $> T \geqslant 1$ 年	最低月平均地面温度≤0	季节冻结
季节冻土	$T < 1$ 年	最低月平均地面温度≤0	季节冻结

2.1.2 根据多年冻土形成和存在的区域及自然条件,可分为高纬度多年冻土和高海拔多年冻土。

2.1.3 根据多年冻土平面分布特点,可分为大片连续多年冻土、岛状融区多年冻土和岛状多年冻土。

(1)大片连续多年冻土:在较大的地区内呈整体或连续分布,其中可能分布有融区的多年冻土。

(2)岛状融区多年冻土:在冻土区中有岛状的融区分布。

(3)岛状多年冻土:以岛状形式分布在融土之中的多年冻土。

2.1.4 根据多年冻土的垂直剖面分布特点,可分为衔接的多年冻土和不衔接的多年冻土。

(1)衔接的多年冻土：直接位于季节融化层之下的多年冻土，即季节融化层与多年冻土层是连在一起的，如图 2.1.4(a)所示。

(2)不衔接的多年冻土：季节冻结层的冻结深度浅于天然上限的多年冻土，即多年冻土层与季节冻结层之间夹有未冻结土层，如图 2.1.4(b)所示。

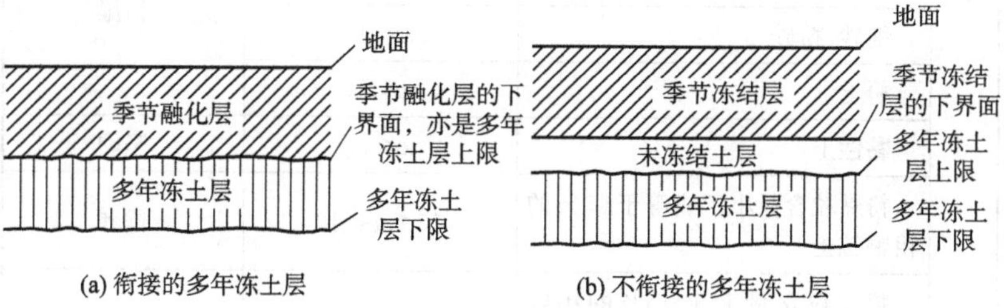

图 2.1.4　衔接和不衔接的多年冻土层

2.1.5　根据多年冻土的年平均地温，可分为高温多年冻土和低温多年冻土。

(1)高温多年冻土：指年平均地温高于或等于－1.0 ℃的多年冻土，受外界环境因素和人为活动影响时，易产生退化和消融，是不稳定的多年冻土。

(2)低温多年冻土：指年平均地温低于－1.0 ℃的多年冻土，不易受外界环境因素和人为活动影响，是较稳定的多年冻土。

相应的高原多年冻土的地温分区按年平均地温可分为高温冻土区(高温极不稳定冻土区、高温不稳定冻土区)和低温冻土区(低温基本稳定冻土区、低温稳定冻土区)。

2.1.6　根据多年冻土的总含水率，可分为少冰冻土、多冰冻土、富冰冻土、饱冰冻土和含土冰层等五类，见表 2.1.6-1。

表 2.1.6-1　多年冻土工程分类

<table>
<tr><td>冻土类型</td><td>土的类别</td><td>总含水率 w/%</td><td>融化后的潮湿程度</td></tr>
<tr><td rowspan="5">少冰冻土</td><td>粉黏粒含量小于或等于15%的粗颗粒土(包括碎石类土，砾、粗、中砂，以下同)</td><td>$w<10$</td><td>潮湿</td></tr>
<tr><td>粉黏粒含量大于15%的粗颗粒土</td><td>$w<12$</td><td rowspan="3">稍湿</td></tr>
<tr><td>细砂、粉砂</td><td>$w<14$</td></tr>
<tr><td>粉土</td><td>$w<17$</td></tr>
<tr><td>黏性土</td><td>$w<w_p$</td><td>坚硬</td></tr>
<tr><td rowspan="5">多冰冻土</td><td>粉黏粒含量小于或等于15%的粗颗粒土</td><td>$10\leqslant w<15$</td><td>饱和</td></tr>
<tr><td>粉黏粒含量大于15%的粗颗粒土</td><td>$12\leqslant w<15$</td><td rowspan="3">潮湿</td></tr>
<tr><td>细砂、粉砂</td><td>$14\leqslant w<18$</td></tr>
<tr><td>粉土</td><td>$17\leqslant w<21$</td></tr>
<tr><td>黏性土</td><td>$w_p\leqslant w<w_p+4$</td><td>硬塑</td></tr>
<tr><td rowspan="5">富冰冻土</td><td>粉黏粒含量小于或等于15%的粗颗粒土</td><td rowspan="2">$15\leqslant w<25$</td><td>饱和出水(出水量小于10%)</td></tr>
<tr><td>粉黏粒含量大于15%的粗颗粒土</td><td rowspan="3">饱和</td></tr>
<tr><td>细砂、粉砂</td><td>$18\leqslant w<28$</td></tr>
<tr><td>粉土</td><td>$21\leqslant w<32$</td></tr>
<tr><td>黏性土</td><td>$(w_p+4)\leqslant w<(w_p+15)$</td><td>软塑</td></tr>
<tr><td rowspan="3">饱冰冻土</td><td>粉黏粒含量小于或等于15%的粗颗粒土</td><td rowspan="2">$25\leqslant w<44$</td><td>饱和出水(出水量为10%～20%)</td></tr>
<tr><td>粉黏粒含量大于15%的粗颗粒土</td><td rowspan="2">饱和</td></tr>
<tr><td>细砂、粉砂</td><td>$28\leqslant w<44$</td></tr>
</table>

续上表

冻土类型	土的类别	总含水率 $w/\%$	融化后的潮湿程度
饱冰冻土	粉土	$32 \leqslant w < 44$	饱和
	黏性土	$w_p + 15 \leqslant w < w_p + 35$	软塑
含土冰层	碎石类土、砂性土、粉土	$w \geqslant 44$	饱和出水(出水量为10%～20%)
	黏性土	$w \geqslant w_p + 35$	流塑

注:(1)总含水率为冰和未冻水的总质量与骨架质量之比。
(2)w_p 为塑性含水率。
(3)盐渍化冻土、泥炭化冻土、腐殖土、高塑性黏土不在表列。

冻土的含冰特征与定名应符合表2.1.6-2的规定。其中少冰冻土、多冰冻土统称为低含冰量冻土;富冰冻土、饱冰冻土和含土冰层统称为高含冰量冻土。当冰层厚度大于25 mm,且其中不含土时,应定名为纯冰层(ICE)。

表2.1.6-2 冻土的含冰特征与定名

土类	含冰特征		冻土定名
冻土	肉眼看不见分凝冰的冻土(N)	胶结性差,易碎的冻土(N_f)	少冰冻土(S)
		无过剩冰的冻土(N_{bn})	
		胶结性良好的冻土(N_b)	
		有过剩冰的冻土(N_{bc})	
	肉眼可见分凝冰,但冰层厚度小于25 mm的冻土(V)	单个冰晶体或冰包裹体的冻土(V_x)	
		在颗粒周围有冰膜的冻土(V_c)	多冰冻土(D)
		不规则走向的冰条带冻土(V_r)	富冰冻土(F)
		层状或明显定向的冰条带冻土(V_s)	饱冰冻土(B)
厚层冰	冰厚度大于25 mm的含土冰层或纯冰层(ICE)	含土冰层(ICE+土类符号)	含土冰层(H)
		纯冰层(ICE)	纯冰层(ICE)

2.1.7 根据其变形特性可分为坚硬冻土、塑性冻土与松散冻土。

压缩系数 α 不大于 0.01 MPa^{-1} 为坚硬冻土，可将其近似看成不可压缩土；压缩系数 α 大于 0.01 MPa^{-1} 为塑性冻土，在受力计算时应计入压缩变形量；当粗颗粒土的总含水率不大于3%时，应确定为松散冻土。

2.1.8 根据冻土中所含盐类与有机物的不同，可分为盐渍化冻土与泥炭化冻土。

1. 冻土中易溶盐含量超过表 2.1.8-1 中数值时，应称为盐渍化冻土，并应符合下列规定。

表 2.1.8-1 盐渍化冻土的盐渍度界限值

土类	粗粒土	粉土	粉质黏土	黏土
盐渍度/%	0.10	0.15	0.20	0.25

(1)盐渍化冻土的盐渍度 ζ，应按式 2.1.8-1 计算。

$$\zeta=\frac{m_g}{g_d}\times 100\% \qquad (2.1.8\text{-}1)$$

式中 m_g——土中含易溶盐的质量(g)；

g_d——土骨架质量(g)。

(2)盐渍化冻土的强度指标参考《冻土工程地质勘察规范》(GB 50324)表 C.0.3-3 和表 C.0.3-6 取值。

2. 冻土中的泥炭化程度超过表 2.1.8-2 中数值时，应称为泥炭化冻土，并应符合下列规定。

表 2.1.8-2 泥炭化冻土的泥炭化程度界限值

土　类	碎石类土、砂类土	粉土、黏性土
泥炭化程度/%	3	5

(1)泥炭化冻土的泥炭化程度 ξ，应按式 2.1.8-2 计算。

$$\xi=\frac{m_p}{g_d}\times 100\% \tag{2.1.8-2}$$

式中　m_p——土中植物残渣泥炭的质量(g)。

(2)泥炭化冻土的强度指标参考《冻土工程地质勘察规范》(GB 50324)表 C. 0. 3-4 和表 C. 0. 3-7 取值。

(3)当有机质含量不超过 15%时，冻土的泥炭化程度可用重铬酸钾容量法测定，当有机质含量超过 15%时可用烧失量法测定。

2. 2　土的冻胀和多年冻土融沉性分级

2. 2. 1　季节冻土和季节融化层土的冻胀性，应根据土冻胀率 η 的大小，按表 2. 2. 1 划分为微冻胀、弱冻胀、冻胀、强冻胀和特强冻胀五级。冻土层的平均冻胀率 η 按式 2. 2. 1 计算。

$$\eta=\frac{\Delta_z}{h-\Delta_z}\times 100\% \tag{2.2.1}$$

式中　Δ_z——地表冻胀量(mm)；

h——冻结层厚度(mm)。

表 2. 2. 1　季节冻土与季节融化层土的冻胀性分级

土的名称及代号	冻前天然含水率 w/%	冻前地下水位距设计冻深的最小距离 h_w/m	平均冻胀率 η/%	冻胀等级	冻胀类别
碎(卵)石，砾砂、粗砂、中砂(粒径小于 0.075 mm 颗粒含量均不大于 15%)，细砂(粒径小于 0.075 mm 颗粒含量不大于 10%)	不饱和	不考虑	$\eta\leqslant 1$	Ⅰ	微冻胀
	饱和含水	无隔水层时	$1<\eta\leqslant 3.5$	Ⅱ	弱冻胀
	饱和含水	有隔水层时	$\eta>3.5$	Ⅲ	冻胀

续上表

<table>
<tr><th>土的名称及代号</th><th>冻前天然含水率
w/%</th><th>冻前地下水位距设计冻深的最小距离
h_w/m</th><th>平均冻胀率
η/%</th><th>冻胀等级</th><th>冻胀类别</th></tr>
<tr><td rowspan="6">碎(卵)石，砾砂、粗砂、中砂(粒径小于0.075 mm颗粒含量均大于15%)，细砂(粒径小于0.075 mm颗粒含量大于10%)</td><td rowspan="2">$w \leqslant 12$</td><td>>1.0</td><td>$\eta \leqslant 1$</td><td>Ⅰ</td><td>微冻胀</td></tr>
<tr><td>≤1.0</td><td rowspan="2">$1 < \eta \leqslant 3.5$</td><td rowspan="2">Ⅱ</td><td rowspan="2">弱冻胀</td></tr>
<tr><td rowspan="2">$12 < w \leqslant 18$</td><td>>1.0</td></tr>
<tr><td>≤1.0</td><td rowspan="2">$3.5 < \eta \leqslant 6$</td><td rowspan="2">Ⅲ</td><td rowspan="2">冻胀</td></tr>
<tr><td rowspan="2">$w > 18$</td><td>>0.5</td></tr>
<tr><td>≤0.5</td><td>$6 < \eta \leqslant 12$</td><td>Ⅳ</td><td>强冻胀</td></tr>
<tr><td rowspan="7">粉砂</td><td rowspan="2">$w \leqslant 14$</td><td>>1.0</td><td>$\eta \leqslant 1$</td><td>Ⅰ</td><td>微冻胀</td></tr>
<tr><td>≤1.0</td><td rowspan="2">$1 < \eta \leqslant 3.5$</td><td rowspan="2">Ⅱ</td><td rowspan="2">弱冻胀</td></tr>
<tr><td rowspan="2">$14 < w \leqslant 19$</td><td>>1.0</td></tr>
<tr><td>≤1.0</td><td rowspan="2">$3.5 < \eta \leqslant 6$</td><td rowspan="2">Ⅲ</td><td rowspan="2">冻胀</td></tr>
<tr><td rowspan="2">$19 < w \leqslant 23$</td><td>>1.0</td></tr>
<tr><td>≤1.0</td><td>$6 < \eta \leqslant 12$</td><td>Ⅳ</td><td>强冻胀</td></tr>
<tr><td>$w > 23$</td><td>不考虑</td><td>$\eta > 12$</td><td>Ⅴ</td><td>特强冻胀</td></tr>
<tr><td rowspan="9">粉土</td><td rowspan="2">$w \leqslant 19$</td><td>>1.5</td><td>$\eta \leqslant 1$</td><td>Ⅰ</td><td>微冻胀</td></tr>
<tr><td>≤1.5</td><td rowspan="2">$1 < \eta \leqslant 3.5$</td><td rowspan="2">Ⅱ</td><td rowspan="2">弱冻胀</td></tr>
<tr><td rowspan="2">$19 < w \leqslant 22$</td><td>>1.5</td></tr>
<tr><td>≤1.5</td><td rowspan="2">$3.5 < \eta \leqslant 6$</td><td rowspan="2">Ⅲ</td><td rowspan="2">冻胀</td></tr>
<tr><td rowspan="2">$22 < w \leqslant 26$</td><td>>1.5</td></tr>
<tr><td>≤1.5</td><td rowspan="2">$6 < \eta \leqslant 12$</td><td rowspan="2">Ⅳ</td><td rowspan="2">强冻胀</td></tr>
<tr><td rowspan="2">$26 < w \leqslant 30$</td><td>>1.5</td></tr>
<tr><td>≤1.5</td><td rowspan="2">$\eta > 12$</td><td rowspan="2">Ⅴ</td><td rowspan="2">特强冻胀</td></tr>
<tr><td>$w > 30$</td><td>不考虑</td></tr>
</table>

续上表

土的名称及代号	冻前天然含水率 w/%	冻前地下水位距设计冻深的最小距离 h_w/m	平均冻胀率 η/%	冻胀等级	冻胀类别
黏性土	$w \leqslant (w_p+2)$	>2.0	$\eta \leqslant 1$	Ⅰ	微冻胀
		≤2.0	$1<\eta \leqslant 3.5$	Ⅱ	弱冻胀
	$(w_p+2)<w \leqslant (w_p+5)$	>2.0			
		≤2.0	$3.5<\eta \leqslant 6$	Ⅲ	冻胀
	$(w_p+5)<w \leqslant (w_p+9)$	>2.0			
		≤2.0	$6<\eta \leqslant 12$	Ⅳ	强冻胀
	$(w_p+9)<w \leqslant (w_p+15)$	>2.0			
		≤2.0	$\eta>12$	Ⅴ	特强冻胀
	$w>(w_p+15)$	不考虑			

注：(1)w_p为塑限，w为冻前天然含水率在冻层内的平均值。

(2)盐渍化冻土不在表列。

(3)塑性指数大于22时，冻胀性降低一级。

(4)小于0.005 mm粒径含量大于60%时，为微冻胀土。

(5)当碎石类土的填充物大于全部质量的40%时，其冻胀性按填充物土的类别判定。

(6)隔水层指季节冻结层底部及以上的隔水层。

(7)设计冻深Z_d按附录B计算。

2.2.2 多年冻土的融化下沉性分级，应根据冻土的融化下沉系数δ_0的大小，按表2.2.2划分为不融沉、弱融沉、融沉、强融沉和融陷五级。冻土层的平均融化下沉系数δ_0按式2.2.2计算。

$$\delta_0=\frac{h_1-h_2}{h_1}=\frac{e_1-e_2}{1+e_1}\times 100\% \qquad (2.2.2)$$

式中 h_1，e_1——冻土试样融化前的高度(mm)和孔隙比；

h_2，e_2——冻土试样融化后的高度(mm)和孔隙比。

表 2.2.2　多年冻土的融沉性分级

土的名称	总含水率 w/%	平均融化下沉系数 δ_0/%	融沉等级	融沉类别
碎(卵)石，砾砂、粗砂、中砂(粒径小于 0.075 mm 颗粒含量均不大于 15%)	$w<10$	$\delta_0 \leqslant 1$	Ⅰ	不融沉
	$w \geqslant 10$	$1<\delta_0 \leqslant 3$	Ⅱ	弱融沉
碎(卵)石，砾砂、粗砂、中砂(粒径小于 0.075 mm 颗粒含量均大于 15%)	$w<12$	$\delta_0 \leqslant 1$	Ⅰ	不融沉
	$12 \leqslant w<15$	$1<\delta_0 \leqslant 3$	Ⅱ	弱融沉
	$15 \leqslant w<25$	$3<\delta_0 \leqslant 10$	Ⅲ	融沉
	$w \geqslant 25$	$10<\delta_0 \leqslant 25$	Ⅳ	强融沉
粉、细砂	$w<14$	$\delta_0 \leqslant 1$	Ⅰ	不融沉
	$14 \leqslant w<18$	$1<\delta_0 \leqslant 3$	Ⅱ	弱融沉
	$18 \leqslant w<28$	$3<\delta_0 \leqslant 10$	Ⅲ	融沉
	$w \geqslant 28$	$10<\delta_0 \leqslant 25$	Ⅳ	强融沉
粉土	$w<17$	$\delta_0 \leqslant 1$	Ⅰ	不融沉
	$17 \leqslant w<21$	$1<\delta_0 \leqslant 3$	Ⅱ	弱融沉
	$21 \leqslant w<32$	$3<\delta_0 \leqslant 10$	Ⅲ	融沉
	$w \geqslant 32$	$10<\delta_0 \leqslant 25$	Ⅳ	强融沉
黏性土	$w<w_p$	$\delta_0 \leqslant 1$	Ⅰ	不融沉
	$w_p \leqslant w<(w_p+4)$	$1<\delta_0 \leqslant 3$	Ⅱ	弱融沉
	$(w_p+4) \leqslant w<(w_p+15)$	$3<\delta_0 \leqslant 10$	Ⅲ	融沉
	$(w_p+15) \leqslant w<(w_p+35)$	$10<\delta_0 \leqslant 25$	Ⅳ	强融沉
含土冰层	$w \geqslant (w_p+35)$	$\delta_0>25$	Ⅴ	融陷

注：(1)w 为总含水率，包括冰和未冻水；w_p 为塑限。

(2)盐渍化冻土、泥炭化冻土、腐殖土、高塑性黏土不在表列。

(3)粗颗粒土用起始融化下沉含水率代替塑限 w_p。

2.3 冻土参数

2.3.1 物理参数

1. 冻土的总含水率

冻土的总含水率为土中冰的含量和未冻水的含量之和。

$$w=w_b+w_u \tag{2.3.1-1}$$

式中 w_b——在规定温度内，冻土中冰的含量；

w_u——在规定温度内，冻土中未冻水的含量。

w、w_b、w_u均以百分数计。

2. 冻土的未冻水含量

冻土的未冻水含量是指冻土中的液态水的质量与干土质量之比。此指标是温度的函数，建议通过试验确定，无试验条件时，无外荷状态下可用式 2.3.1-2、式 2.3.1-3 估算。

黏性土：

$$w_u=w_pk \tag{2.3.1-2}$$

砂土：

$$w_u=w(1-i_c) \tag{2.3.1-3}$$

式中 w_p——塑限，以小数计；

k——温度修正系数，查表 2.3.1；

i_c——含冰率（冰质量与总水质量之比），查表 2.3.1。

表 2.3.1 不同温度下的修正系数和含冰率数值表

土名	塑性指数	含冰率 i_c/温度修正系数 k	温度 T/℃						
			−0.2	−0.5	−1.0	−2.0	−3.0	−5.0	−10
砂土	—	i_c	0.65	0.78	0.85	0.92	0.93	0.95	0.98

续上表

土名	塑性指数	含冰率 i_c/温度修正系数 k	温度 T/℃						
			−0.2	−0.5	−1.0	−2.0	−3.0	−5.0	−10
粉土	$I_p \leqslant 10$	k	0.7	0.50	0.30	0.20	0.15	0.15	0.10
粉质黏土	$10 < I_p \leqslant 13$	k	0.9	0.65	0.50	0.40	0.35	0.30	0.25
	$13 < I_p \leqslant 17$	k	1.0	0.80	0.70	0.60	0.50	0.45	0.40
黏土	$17 < I_p$	k	1.1	0.90	0.80	0.70	0.60	0.55	0.50
泥炭粉质黏土	$15 < I_p \leqslant 17$	k	0.5	0.40	0.35	0.30	0.25	0.25	0.20

注：表中粉质黏土 $I_p>13$ 及黏土 $I_p<17$ 两档数据仅供参考。

2.3.2 热物理参数

1. 导热系数

导热系数为在垂直断面方向上，温度梯度为 1 ℃/m 的情况下，每小时通过 1 m^2 断面的热流量。

2. 体积热容量

体积热容量为在固定压力下每使 1 单位体积土升高 1 ℃所消耗的热量。

土的导热系数和体积热容量一般情况下可参照《冻土工程地质勘察规范》附录 C 选用。

2.3.3 力学参数

1. 冻胀力

由于土壤冻结时的冻胀，而对基础产生的作用力称为土的冻胀力。按照基础表面相对于土冻结的方向，可分为法向冻胀力和切向冻胀力。

2. 冻结力

土在冻结过程中对基础材料产生的冰胶结力。

影响冻胀力、冻结力大小的因素有：土质、土温、冻结速度、基础的埋深、材料及侧面的粗糙程度、地下水的补给状态。

3. 抗剪强度

抗剪强度的定义同普通土，是抵抗剪应力所产生的内阻力。

冻土与普通土的重大区别是：黏聚力(c)和内摩擦角(φ)不是常数，而是随着冻土的温度、冻土上的载荷以及加载时间发生变化的。冻土的温度越低，抗剪强度越大。

由于未冻水的存在，冻土的力学性质均存在有明显的应力松弛现象。即当温度接近 0 ℃时，冻土的长时间抗剪强度比瞬时抗剪强度小很多。

2.3.4 土冻结时的参数

1. 冻胀与冻胀量

土中水变成冰时，体积增大 9%，称为土中水的冻胀。当土中水的体积膨胀足以引起土颗粒间的相对位移时就形成冻结时土的体积膨胀，称为土的冻胀。

冻胀量指土体冻后体积与冻前体积之差。

2. 起始冻胀含水率

并非所有含水的土体都会产生冻胀，只有当土体含水率超过一定界限值时，土在冻结时才会产生冻胀，通常将此界限含水率称为起始冻胀含水率。即当土体负温度达到－9～－10 ℃条件下，冻胀系数为 0 时的土体最大含水率。

表 2.3.4 各类土的起始冻胀含水率

土的类别	黏土、砂黏土		黏砂土		粉砂细砂	中砂、粗砂、砾砂、卵石土、砾石土	
	一般	粉质	一般	粉质		一般	含粉黏粒
起始冻胀含水率 w_c/%	18～25	15～20	13～18	11～15	10～15	5～8	5～15

注：腐殖质土、草炭层及含水草的泥灰土的起始冻胀含水率数值变化很大，不能用本表所列数值。

3. 土冻结时的结构变化

土发生冻结时，由于条件不同（土的类别、水的补给、冷冻强度等）会形成特殊的冻土构造，如图 2.3.4 所示。

(a) 整体构造（粒状）　(b) 层状构造　(c) 网状构造

图 2.3.4　三种主要类型的冻土构造

（1）整体构造

整体构造是土在强烈冰冻时形成的，它只形成冰胶结物。在冻结状态下具有较大的强度，解冻时仍保留有坚固的性质。

（2）层状构造

层状构造是松散土单向冻结时形成的，多半有外界补给水，或有较大的含水率，由于冻结时水分的重新分布形成冰夹层，即冰呈层状分布。这种冻土解冻时，承载力会急剧下降，甚至较原来未受冻时还要低。

（3）网状构造

网状构造一般是在有补给水源和非单向冻结的条件下形成的。解冻时的力学性质在整体构造和层状构造之间。

2.4 冻土融化后的沉降量计算

冻土融化后的沉降量包括冻土融化产生的融化下沉量和融化后在土的自重及外部荷载作用下产生的压密变形量。

$$S=\delta_0 H+(P+\gamma H/2)\alpha_0/1\ 000 \quad (2.4)$$

式中 S——总下沉量(m)；

H——融化土层厚度(m)；

P——外部荷载(kPa)；

γ——土容重(kN/cm^3)；

δ_0——融化下沉系数(%)，见表 2.4-1 和表 2.4-2；

α_0——压缩下沉系数(MPa^{-1})，见表 2.4-1 和表 2.4-2。

表 2.4-1 冻结的黏性土融化及压缩系数

总含水率 w/%	$\leqslant w_p$	w_p～(w_p+7)	(w_p+7)～(w_p+15)	(w_p+15)～(w_p+50)	(w_p+50)～(w_p+60)	(w_p+60)～(w_p+80)	>(w_p+80)
δ_0/%	<2	2～5	5～10	10～20	20～30	30～40	>40
α_0/(MPa^{-1})	<0.1	0.1～0.2	0.2～0.3	0.3～0.4	0.4～0.5	0.5～0.6	0.6～0.7

表 2.4-2 冻结的砂性土融化及压缩系数

总含水率 w/%	<10	10～15	15～20	20～25	25～30	30～35	>35
δ_0/%	0	0～3	3～6	6～10	10～15	15～20	>20
α_0/(MPa^{-1})	0	<0.1	0.1	0.2	0.3	0.4	0.5

3　多年冻土区路基检查与病害调查

3.1　路基检查

3.1.1　铁路路基是轨道的基础，是重要的土工结构物，是铁路线路的一个重要组成部分。路基设备主要包括路基本体、路基防护加固设备和路基排水设备。

3.1.2　为及时全面掌握冻土路基设备状态和病害情况，应对多年冻土区的路基本体、路基防护和加固设备以及路基排水设备进行日常检查、添乘检查、专业检查、经常检查、汛期检查、联合检查和重点检查等，特别注意在最大融化季节、冻结季节初期和末期的检查。各种检查均应做好完整的检查记录。

3.1.3　路基检查包含以下几种形式：

1. 日常检查：由工务维护部门线路巡检车间承担。

(1)暖季(6—11月)：路基开裂、热融下陷等病害频繁发生的特殊时期，执行"逢十"检查制度，即对多年冻土区段路基设备每隔10天全面检查一遍。对高填方路基、斜坡路基、易发生开裂、陷穴的重点地段，以及当年降水较多的区段作为重点加密检查。

(2)寒季(12月—次年5月)：执行每月全面检查两遍的制度。

(3)格拉段巡检车每月检查一遍。

2. 添乘检查：工务维护部门在线路添乘检查同时对路基设备变化情况要加强观察、详细记录。

3. 专业检查：路基专业检查结合站段的春检和秋检每年进行两次。专业检查由工务部统一组织，检查人员由工务部、工务段的专业技术人员以及工务检测所的技术人员组成，对工务段的路基设备技术状态、保养质量，路基工作日常管理以及路基大修工程施工组织、安全措施落实和施工质量进行检查。

春季主要检查排水设备淤积和排水不畅，结合防洪检查对路基重点病害和重点地段进行详细检查评估；秋季对路基设备进行全面检查、评定，并以此编制次年多年冻土路基大维修、更新改造计划，确定重点设备和重点病害。

4. 汛期检查：每年汛期，结合防洪工作雨中、雨后检查制度，对重点路基设备及病害进行检查，但必须保证每月检查不少于一遍。

5. 联合检查：结合春检、秋检等工作，联合设计与冻土工程研究单位，每年开展不少于2次多年冻土区路基工程技术状态和重点病害路段的检查工作；联合检查一般由工务部组织实施。

6. 重点检查：对于路基变形较为严重的段落或者突发性路基病害等情形，及时邀请相关专业技术人员进行重点检查，分析路基病害情况以及对线路运营安全的影响，并提出合理的应对措施。

3.1.4 冻土路基检查工作还应遵守《铁路路基大维修规则》相关规定。

3.1.5 工务维护部门应制定详细的巡检制度及添乘检查制度，建立巡检及添乘检查考核制度，对检查出的问题要分类登记。

3.1.6 工务维护部门要建立设备病害具体分析制度，对检查出的问题及时分析，对设备大病害、重大病害应及时制定对策并上报。

3.1.7 对规模较大的路基病害，应建立观测制度，设置观测网进行观测，做好观测记录，根据观测结果，分析病害发展趋势，制定安全措施，为制定整治方案提供技术资料。

3.2 路基病害调查

3.2.1 路基病害的类型

青藏铁路多年冻土区路基病害类型包括路基下沉、路基开裂、路基冻胀、路堑边坡病害、路堑顶部开裂、路基水害、路基沙害、排水设施病害等。

青藏铁路多年冻土区路基常见病害为路基下沉。受气候变化和工程环境的相互作用，地基多年冻土升温和融化产生竖向压缩变形，从而导致路基下沉，路基下沉大多发生在地基土达到最大季节融化深度时，青藏铁路沿线一般发生在9—11月。

3.2.1.1 路基下沉病害主要包括高含冰量地段路基下沉病害、多年冻土南界附近岛状多年冻土区路基下沉病害、融区和多年冻土区过渡段路基下沉病害以及桥头路基下沉病害。

根据《青藏铁路高原多年冻土区工程设计暂行规定》中的“在高温极不稳定区，当采用延缓多年冻土融化速度的设计原则设计时，应控制工后沉降量不超过 30 cm”，青藏铁路多年冻土区路基工程的工后沉降量标准可按 30 cm 控制，对于工后沉降量超过 30 cm 的路基应采取可靠的工程措施进行整治。

3.2.1.2 路基开裂是路基不均匀变形的表现形式之一。青藏铁路多年冻土区路堤工程全面建设期间，路基裂缝出现得比较多，其中楚玛尔河高平原、布曲河高平原比较典型，随着铁路的运营与维护，路基裂缝大量减少，目前路基开裂现象主要出现在高路堤地段。

3.2.1.3 青藏铁路多年冻土区路基冻胀病害极少发生，仅在少量的路堑段出现过。

3.2.1.4 路堑边坡病害可分为坡面病害和坡体病害，其中坡面病害以坡面冲刷病害和坡面变形为主，坡体病害可分为融滑破坏型和蠕变破坏型两类。

融滑破坏是指冻土上限附近高含冰量冻土融化导致上限附近饱水，形成软弱面而导致失稳；蠕变破坏是指在土体剪切力基本不变的条件下，因长期强度的衰减，土体进入流动状态而产生破坏。

3.2.1.5 路堑顶部开裂现象主要发生在青藏铁路运营初期的土质路堑，因路堑坡面变形而造成的堑顶开裂。

3.2.1.6 路基水害。造成青藏铁路沿线多年冻土区路基水害的主要水源为暖季集中降水和融雪（冰）水，多集中在越岭地区及唐古拉南山间谷地。病害主要以路堤坡脚、坡脚与挡水埝间积水、路基基底过水、渗水等形式为主，可分为道床积水、坡脚积水和路基过水三种类型。

3.2.1.7 路基沙害。青藏铁路多年冻土区的沙害主要集中在楚玛尔河、红梁河、秀水河、北麓河、沱沱河、通天河及扎加藏布，由于风沙掩埋片石路基（片石护坡、碎石护坡）时，沙粒会填充片（碎）石间的空隙，影响片石路基的效果。

3.2.1.8 在青藏高原多年冻土区，由于反复冻融作用的影响，导致路基排水设施产生破损、断裂以及局部沉陷等病害，致使路基排水不畅，产生浸泡路基病害。

3.2.1.9 青藏铁路多年冻土路基存在潜在影响的冻土现象主要为热融湖塘、冰椎。热融湖主要集中在楚玛尔河高平原，冰椎相对比较分散。热融湖塘和冰椎在线路附近呈多发态势，但尚未对线路产生直接危害，只有个别存在间接影响。

3.2.2 多年冻土路基病害调查要求

结合路基病害类型，多年冻土区路基调查的主要内容包括：

1. 路基本体及土护道有无开裂、陷穴、下沉。
2. 路堤、路堑边坡有无开裂、陷穴、溜塌、外鼓、破损。
3. 热棒根部有无塌陷、积水。
4. 路肩加高干砌片石、浆砌片石挡砟墙有无坍塌、开裂。
5. 路基坡脚有无积水。
6. 通风保温片石有无开裂、下错及堵塞情况。
7. 排水设施有无淤积、破损、排水不畅。

工务维护部门要建立设备病害具体分析制度，对检查出的问题及时分析，对设备大病害、重大病害应及时制定对策并上报。

3.2.3 路基病害调查内容

3.2.3.1 一般要求

1. 对产生路基病害的地段，应详细调查路基的病害类型，铁路里程及范围，病害发生位置，路基的结构形式、高度、走向、防护措施等；测绘具有代表性的地形纵、横断面，查明病害发育与线路、构筑物等的相关关系及病害分布的特点和规律；评估路基病害对路基安全的影响。

2. 详细调查病害段路基所处的地貌单元、微地形地貌特征、地表植被生长发育程度、气候条件、路基坡脚积水情况以及沙害情况等。

3. 收集航片、卫片、区域地质、区域冻土等有关资料；收集建设期病害段路基的设计参数、建设资料或竣工资料；收集运营期维护工程措施、实施时间等相关信息。

4. 收集路基病害地段有关勘察报告、室内外试验结果及科学研究文献报告。

5. 查明地表水、地下水的补给、径流、排泄条件，包括测量水量、水温，记录它们在病害区域内的运动变迁状况，及对病害的影响。

6. 通过挖探、钻探等方法查明地层结构、土层岩性和冻土类型、分布等，并试验测取不同土层的颗粒组成，含水(冰)量及在冻、融状态下与病害有关的特殊物理力学性质和参数。

7. 绘制路基病害地段工程地质测绘图。

3.2.3.2 路基出现冰椎病害时应查明：

1. 冰椎的分布，冰椎与路基工程的关系。

2. 该地段的气温、季节冻结与季节融化深度、多年冻土特征及地温状况。

3. 冰椎的成因、规模、发育状况、变化规律与分布范围。

4. 该地段的地形地貌、植被、地层岩性、地质构造与水文地质条件。

5. 根据工程治理的需要采取代表性土样、水样进行有关试验。

3.2.3.3 热融湖塘与热融洼地的调查应包括以下内容：

1. 病害段路基分布有热融湖塘和热融洼地时，应对热融湖塘和热融洼地的分布区域及其可能扩大的周围地段进行调查。

2. 热融湖塘与热融洼地的成因、发育阶段，热融湖塘、热融洼地的形状和分布范围及其与路基的关系。

3. 热融湖塘和热融洼地分布地段的地形地貌、地表植被类型与覆盖度。

4. 该区段的年平均气温、年降水量、地温。

5. 热融湖塘与热融洼地的地层结构、岩性成分、多年冻土的工程类型、分布情况及天然上限埋深、年平均地温。

6. 热融湖塘、热融洼地中水的深度和聚集、排泄条件，热融湖塘分布地段地下水类型及其与湖塘水的补给关系。

7. 根据工程治理的需要采集湖塘地表水及地下水试样、融土及冻土试样进行有关试验。

8. 评价热融湖塘和热融洼地的发展趋势及对路基工程的影响。

3.2.4 路基病害调查报告编制

根据对病害段路基工程的调查，应编制路基病害调查报告，报告的编制应包括下列主要内容：

1. 病害段路基的铁路里程及范围，病害发生位置，病害类型，路基的结构形式、高度、走向、防护措施等。

2. 病害段路基的地层岩性、地质构造、抗震设防烈度、地震动参数、地形地貌特征。

3. 多年冻土的类型、厚度、含冰程度及冻土工程类型、上(下)限埋深(可结合附录 D 确定)、分布特点、多年冻土年平均地温及地温年变化深度(可按附录 E 计算)。

4. 地表植被的类型、分布特点及覆盖度。

5. 地表水体的类型、分布特点以及补给、排泄条件。

6. 地下水的类型、水位埋深以及补给、径流、排泄条件。

7. 冻土现象的类型、分布特点、发生发展规律及其对路基工程的影响。

8. 融区的类型、规模、分布特点及其对工程建设和运营的影响。

9. 多年冻土环境的特点、变化特征。

10. 收集气温、降水量等气象资料，评价场地地表的排水条件。

11. 收集已有冻土路基工程治理措施及其有效性，环境保护措施等相关资料。

12. 路基病害段典型的纵、横断面。

13. 总结路基病害的特点和规律；分析路基病害产生的原因，评估路基病害对路基安全的影响，并提出初步治理建议。

3.2.5　建立路基病害调查台账

3.2.5.1　路基病害库的建立

对多年冻土区段路基发生的路基严重下沉、开裂等病害，均应按照路基病害库统一格式及时建库，并附图片说明。

病害按照其严重程度分为A、B、C三级。

A级病害：病害危及行车安全，必须列入当年复旧或次年大修、防洪预抢计划。

B级病害：病害发展可能危及行车安全，应列入大修或维修计划。

C级病害：列入维修计划。

各类建议计划均应按中国铁路青藏集团有限公司下发的相应格式填写上报。

3.2.5.2 重点路基病害登记簿的建立

对于投资在 100 万元以上的重大路基病害或问题严重但因多种原因多年未得到解决的病害，要建立重点路基病害登记簿，按《铁路路基大维修规则》有关规定进行填写。

3.2.5.3 跟踪检查制度

1. 按照《铁路路基大维修规则》的有关规定，认真执行对路基病害的检查、观测制度。

2. 对于A级病害必须制定监控措施，对A、B级病害必须明确具体的检查周期。每次检查结束以后，必须及时将检查、收集的数据填入病害库。

3. 对于特殊的、规模较大的病害，工务段可报请公司组织鉴定机构进行专门的检测。

4. 较复杂病害在整治后亦应进行跟踪观测，观测整治后的效果，总结整治的经验和教训；对于新技术、新材料的运用情况亦应建立有效的跟踪观测机制，具体跟踪观测的方法、周期由各单位根据现场情况和相关要求自行确定。

4　多年冻土区路基维修养护

4.1　一般规定

4.1.1　为延缓路基设备的劣化速度，延长其使用寿命，并使其经常处于良好状态，工区应做好路基设备的经常保养工作，做到综合维修、小型病害整治与经常保养相结合，做到路基病害治早、治小，防患于未然。

4.1.2　工务养护部门应根据路基设备状态和病害情况，编制日班作业计划和巡守人员小修补计划。

4.1.3　为提高工区路基保养工作质量，车间、工务段应加强对工区路基保养工作的检查和指导，并定期对工区路基保养质量评定的准确性进行抽查。

4.1.4　车间、工务段应结合各项路基设备检查和养护情况，全面掌握多年冻土区路基的养护质量及其变化规律，对照路基养护标准，合理安排，及时做好路基设备的养护工作，使管段内路基设备养护质量处于合格状态。

4.1.5　冻土路基中的高温冻土地段、高含冰量地段和易受水热侵蚀地段是沉降病害高发区，此地段往往路基沉降量较大，平时养护中应重点关注，做好观测记录。

4.1.6　多年冻土路基维修养护完成后，特别是在增加补强措施后，应对冻土路基进行定期观测并做好相关记录，以评估维修养护质量，并为以后病害治理提供支持。

4.2 维修养护原则

多年冻土路基的维修养护，应以保护路基系统热力学、力学平衡状态为原则，避免破坏路基系统内的自然环境状态，从而保证多年冻土区路基长期稳定。维修养护过程中应遵循以下原则。

1. 治水原则

青藏铁路运营以来，由于地表水及冻结层上水的作用，局部多年冻土地段路基出现路基坡脚积水、路基过水等现象，水的热侵蚀引起地基多年冻土升温融化，造成路基发生较大的融沉变形，同时由于水的浸泡作用，引起路基坡脚或基底部位地基土软化，导致路基发生沉降变形。通过截、排及疏导等方式减缓水对多年冻土的热侵蚀是保证路基稳定的重要方法。

2. 降温原则

地基多年冻土稳定的前提条件是地温场的稳定，由于全球气候变暖、人为活动增加、水的热侵蚀等引起地基多年冻土升温退化，严重影响到路基工程的稳定。通过降温可以稳定地基多年冻土，从而保证多年冻土路基的稳定性。

4.3 维修养护技术要求

结合路基维修养护原则，在路基维修养护工作中要做到以下几个方面：

1. 做好路基范围内多年冻土环境保护，不得破坏路基范围内的植被，不任意碾压、开挖路基范围内的地表。

2. 维持路基范围内各部分地表现有物理状态或改善地表植被覆盖度。

3. 改善路基排水系统，防止在路基坡脚积水。

4. 不得随意开挖排水沟。

5. 疏通涵洞内积水。

6. 不宜在暖季后期增加路基荷重，避免在路肩和堑顶堆载。

7. 避免改变路基系统的水文地质条件，防止冰椎和冻胀丘对路基的危害。

8. 做好边坡的水土保持，防止坡面冲刷。

4.4 维修养护目标

1. 经常保持路基本体及排水、防护、加固等设备的完好状态，延长设备使用寿命。

2. 及时整治路基病害，预防病害的发生和发展。

3. 有计划地改善路基设备状态，不断提高路基整体强度。

4.5 维修养护工作评价

4.5.1 多年冻土路基的维修养护质量评价遵照《铁路路基大维修规则》、《青藏集团公司普速铁路多年冻土路基养护管理办法》(青藏铁工〔2020〕60号)及相关路基技术规范的要求进行。

4.5.2 多年冻土路基维修养护质量评定除了考虑路基本体、排水设备、防护加固设备和检查道等项目外，还应考虑热棒、片石、保温护道、通风管等特殊工程设施。

4.5.3 为提高路基保养工作质量，车间、工务段应加强对路基保养工作的检查和指导，并定期对路基保养质量评定的准确性进行抽查。

5 多年冻土区路基病害勘察与试验

5.1 一般规定

5.1.1 应结合路基病害的调查资料详细制订勘察计划。

5.1.2 多年冻土区病害路基勘察应包括冻土工程地质调查与测绘、勘探、冻土取样、室内试验与原位测试、观测以及冻土工程地质条件评价。

5.1.3 路基病害地段的勘探可根据现场冻土环境条件采用钻探、地球物理勘探、坑探、槽探相结合的综合勘探方法。

5.1.4 勘探应结合路基病害特点、工程类型、勘探目的、交通条件、机具设备等选择在适宜的时间内进行。

5.1.5 勘探点的布置应在路基病害调查与测绘等工作的基础上确定。

5.1.6 钻探应采用干钻或单动双管岩芯管低温冲洗液钻进。

5.1.7 当遇地表水、多层地下水时，应分层测定地下水水位、采取水样。

5.1.8 冻土的描述内容应包括颜色、有机质含量、泥炭化程度、盐渍化程度、颗粒组成、冻土构造、冻结程度、分凝冰的肉眼可见程度及大小等。冻土构造的野外鉴别应符合表 5.1.8 的规定。

5.1.9 多年冻土融沉性分级的野外鉴别应符合表 5.1.9 的规定。

5.1.10 冻土勘察可根据路基病害实际情况开展原位测试和室内试验，其测试、试验方法应按《冻土工程地质勘察规范》(GB 50324)及现行国家标准《土工试验方法标准》(GB/T 50123)规定执行。

5.1.11 针对路基病害的冻土工程地质勘察应设地温观测孔进行地温观测，地温观测应按本手册附录C的要求执行。

5.1.12 对于病害比较特殊且有代表性的工程，应设地温和变形观测点。观测路基病害治理前后多年冻土地温变化、路基的变形等，为该类工程病害治理积累经验。

表 5.1.8 冻土构造野外鉴别

构造类别	冰的产状	岩性与地貌条件	冰结特征	融化特征
整体构造	晶粒状	1. 岩性多为细颗粒土，砂砾石土冻结亦可产生此种构造； 2. 一般分布在长草或幼树的阶地和缓坡地带及其他地带； 3. 土稍湿，$w<w_p$	1. 粗颗粒土冻结，结构较紧密，孔隙中有冰晶，可用放大镜观察到； 2. 细颗粒土冻结，呈整体状； 3. 冻结强度一般，可用锤子击碎	1. 融化后原土结构不产生变化； 2. 无渗水现象； 3. 融化后，不产生融沉现象
层状构造	微层状（冰厚一般可达1～5 mm）	1. 岩性以粉砂土或黏性土为主； 2. 多分布在冲-洪积扇及阶地其他地带，地被物较茂密； 3. 土湿，$w_p \leqslant w<(w_p+7)$	1. 粗颗粒土孔隙被较多冰晶充填，偶尔可见薄冰层； 2. 细颗粒土呈微层状构造，可见薄冰层或薄透镜体冰； 3. 冻结强度很高，不易击碎	1. 融化后原土体积缩小现象不明显； 2. 有少量水分渗出； 3. 融化后，产生弱融沉现象

续上表

构造类别	冰的产状	岩性与地貌条件	冰结特征	融化特征
层状构造	层状（冰厚一般可达 5～10 mm）	1. 岩性以粉砂土或黏性土为主； 2. 一般分布在阶地或塔头沼泽地带； 3. 有一定的水源补给条件； 4. 土很湿，$(w_p+7)\leqslant w<(w_p+15)$	1. 粗颗粒土（如砾石）被冰分离，可见到较多冰透镜体； 2. 细颗粒土冻结，可见到层状冰； 3. 冻结强度高，极难击碎	1. 融化后土体积缩小； 2. 有较多水分渗出； 3. 融化后产生融沉现象
网状构造	网状（冰厚一般可达 10～25 mm）	1. 岩性以细颗粒土为主； 2. 一般分布在塔头沼泽与低洼地带； 3. 土饱和，$(w_p+15)\leqslant w<(w_p+35)$	1. 颗粒土冻结，有大量冰层或冰透镜体存在； 2. 细颗粒土冻结，冻土互层； 3. 冻结强度偏低，易击碎	1. 融化后土体积明显缩小，水土界限分明，并可呈流动状态； 2. 融化后产生融沉现象
	厚层网状（冰厚一般可达 25 mm 以上）	1. 岩性以细颗粒土为主； 2. 分布在低洼积水地带，植被以塔头、苔藓、灌丛为主； 3. 土超饱和，$w>(w_p+35)$	1. 以中厚层状构造为主； 2. 冰体积大于土体积； 3. 冻结强度很低，极易击碎	1. 融化后水土分离现象极其明显，可呈流动体； 2. 融化后产生融陷现象

表 5.1.9　多年冻土融沉性分级的野外鉴别

融沉分类	融沉等级	粗颗粒类土		黏性土		冻土工程类型
		冻结状态特征	融化状态特征	冻结状态特征	融化状态特征	
不融沉	Ⅰ	结构较为紧密，仅在孔隙中有冰晶存在	融化过程结构上没有变化，不产生颗粒重分布现象	整体状冻土构造，冻土中肉眼看不到冰层，多数小冰晶在放大镜下可见	融化过程原土的结构不发生变化，没有发生矿物颗粒重分布现象，没有渗水现象	少冰冻土

续上表

融沉分类	融沉等级	粗颗粒类土		黏性土		冻土工程类型
		冻结状态特征	融化状态特征	冻结状态特征	融化状态特征	
弱融沉	Ⅱ	有较多冰晶充填其孔隙,偶尔可见薄层冰及冰包裹体	融化后产生小的密实作用,但结构外形基本不变,有明显的渗水现象	以整体状冻土构造为主,偶尔可见微冰透镜体或小的粒状冰	融化过程,其原结构状态基本不变,但可见体积有缩小现象并有少量渗水现象	多冰冻土
融沉	Ⅲ	除孔隙被冰充填满外,可见冰晶将矿物颗粒包裹,使卵砾石相互隔离或可见较多的土冰冰透镜体	融化过程发生明显颗粒重排列作用,并有大量水分外渗,土表面可见水层	以层状、网状冻土构造为主,冻土中可见分布不均匀的冰透镜体和薄冰层	融化过程发生明显的矿物重分布作用,有较多水分外渗	富冰冻土
强融沉	Ⅳ	卵砾石颗粒基本为冰晶所包裹或存在大量的冰土透镜体和冰透镜体	融化过程使冻土构造受破坏,水土(石)产生密实作用,最后水土(石)界限分明	以层状、网状冻土构造为主,在空间上,冰土普遍相隔分布	融化后,失去原来结构形状成崩塌现象和流动状态,在容器中融化,最后水土界限分明	饱冰冻土
融陷	Ⅴ	冰体积大于土颗粒体积	融化后,水土(石)分离,上部可见水层	以中厚层状构造为主,冰体积大于土体积	融化后完全呈流动体	含土冰层

5.2 勘察任务

5.2.1 查明多年冻土类型、分布范围和特征,及其与地质-地理环境的相互关系。

5.2.2 查明季节融化深度或多年冻土层厚度，及其空间分布特征。

5.2.3 查明多年冻土层的物质成分、含冰率及冻土工程类型、冻土构造类型、地下冰层的厚度及分布特征。

5.2.4 查明多年冻土层年平均地温、地温年变化深度。

5.2.5 必要时查明多年冻土层物理力学及热学性质、冻土融化下沉特性，为病害治理设计提供所需参数。

5.2.6 查明地表水及地下水的贮运条件，及其与多年冻土层的相互关系和作用。

5.2.7 查明冻土现象类型、特征和发育规律及其对工程的影响与危害。

5.2.8 对比建设期资料，评价冻土工程地质条件，提出路基病害产生的原因及合理的治理措施与建议。

5.3 冻土工程地质区划

5.3.1 冻土工程地质区划应按下列原则进行：

1. 第一级分区按照多年冻土或季节冻土分布的区域性和地带性特征划分。

2. 第二级分区在第一级分区的基础上，按照冻土地温、地质构造、地貌特征划分。

3. 第三级分区在第二级分区的基础上，按照冻土工程地质条件、主要物理力学及热学特征、地下冰、冻土现象的分布划分。

5.3.2 各级分区应反映内容。

1. 第一级分区反映下列内容：

(1)多年冻土类型、分布、范围与厚度。

(2)地貌单元。

(3)多年冻土的年平均地温。

(4)冻结沉积物的成因类型。

(5) 主要冻土现象及主要冻土工程问题等。

2. 第二级分区除反映第一级分区的内容外，还应反映下列内容：

(1)冻土地温带(根据多年冻土的年平均地温确定)：

$T_{cp} < -2.0$ ℃，稳定带；

-2.0 ℃ $\leqslant T_{cp} < -1.0$ ℃，基本稳定带；

-1.0 ℃ $\leqslant T_{cp} < -0.5$ ℃，不稳定带；

$T_{cp} \geqslant -0.5$ ℃，极不稳定带。

(2)冻土的成分、冰包裹体的性质、分布及其所决定的冻土构造和埋藏条件。

(3) 该区段多年冻土及融区的分布面积、厚度及其连续性。

(4) 季节冻结层及其与下卧多年冻土层的衔接关系。

(5) 表明各地带的冻土现象、年平均气温、地下水、雪盖及植被等基本特征。

3. 第三级分区除反映第二级分区的内容外，还应反映下列内容：

(1)路基病害段冻土的含冰程度及冻土工程类型、物理力学和热学性质。

(2) 按冻土工程地质条件及其物理力学参数，划出不同的冻土工程地质分区地段，并作出评价。

5.4 钻　　探

5.4.1 钻孔深度宜控制在 10～15 m，且应能满足判定路基病害产生的原因。

5.4.2 根据冻土层类别选择钻探方法时，应符合下列要求：

1. 冻土层为第四系低含冰量松散地层时，宜采取低速钻进方法，回次进尺 0.2～0.5 m 为宜。

2. 冻土层为高含冰量黏性土时，可采取快速钻进方法，回次进尺不宜大于 0.8 m。

3. 冻结的碎石类土和基岩，宜采用低温冲洗液钻进方法，回次进尺 0.15～0.3 m 为宜。

5.4.3 在进行冻土钻探时，宜符合附录 F 规定。

5.4.4 冻土钻探的成孔口径，应符合下列要求：

1. 冻土钻探的开孔直径不应小于 130 mm，终孔直径不宜小于 110 mm。

2. 对于取不出完整冻结土样的岩土，可按常规钻探的有关规定执行。

5.4.5 根据路基工程地质环境变化特点，冻土钻探工作应符合下列要求：

1. 应设置护口管及套管封水或采取其他止水措施，保持冻土层中钻孔孔壁稳定，防止地表水和地下水流入孔内。

2. 取得土的最大冻结与融化深度资料；应在地表开始融化或冻结之前进行钻探。

3. 在钻探和测温期间，应减少对场地地表植被的破坏，已破坏的植被应在任务完成后进行恢复。

4. 对需要保留的观测孔和测温孔，应按相关监测要求处理，工作完成后应及时回填封孔。

5.4.6 钻探前应对钻孔冒水的可能性做出预判，并准备好堵水材料，在钻探过程中遇到冒水时应及时封堵，避免冒水对路基病害产生更大的影响。

5.4.7 钻探记录和编录应符合下列要求：

1. 钻探记录应按钻进回次逐段填写，岩芯及时准确鉴定。

2. 冻土的描述和定名应符合 2.1.6、5.1.8 和 5.1.9 的要求。

3. 钻探成果可用钻孔柱状图表示，冻结岩、土芯样可拍彩照，并纳入成果资料。

5.5 坑探、槽探

5.5.1 针对浅部土层的勘探，可采用坑探、槽探和小螺旋钻等简易勘探方法进行。

5.5.2 探坑和探槽的深度、长度和断面尺寸，应按勘探要求确定。探坑、探槽的开挖必须根据深度和冻土融化情况，采取加固措施。

5.5.3 坑探、槽探工作完成后应及时回填，恢复地表自然状态。

5.5.4 坑探、槽探应做好岩性描述记录、影像记录，并提交坑探展开图、槽探槽壁纵断面图等图件。

5.6 地球物理勘探

5.6.1 针对路基病害的勘察，可选用地球物理勘探方法，地球物理勘探成果宜与钻探资料相互印证，以提高勘探质量。

5.6.2 冻土地球物理勘探方法要点如下：

1. 地球物理勘探工作前应充分搜集与场地有关冻土的地质资料及岩土物理性质参数，当资料缺乏时，应实测确定与冻土地球物理勘探有关的岩土物理性质参数，并分析研究冻土与周围岩土体之间的物理性质差异，为选择地球物理勘探方法提供依据。

2. 选择适宜冻土地区勘探的物探仪器，并做好仪器、设备的标定、检测、调试等准备工作。

3. 根据勘探目的确定地球物理勘探工作的探测深度，地球物理勘探有效探测深度的范围应大于勘探任务要求的深度范围。

4. 地球物理勘探测线、测点的布设应根据冻土勘探的任务目的及精度要求，结合场地条件、岩土特性和地球物理勘探方法的特点综合确定，在微地貌变化、地层、冻土现象发育及冻土条件变化较大的地段予以加密。

5. 外业勘探过程中应详细了解场地地形、地物、地貌、植被、冻土特征、岩土性质、冻土现象和地下水情况，并对场地附近影响地球物理勘探工作的因素进行详细记录，以便综合解译。

6. 在高寒、高海拔地区进行冻土地球物理勘探时，由于气压和温度变化较大，应选择适宜当地气候条件的性能稳定的仪器，工作期间还应对所使用的仪器定期标定，发现问题及时检测、调试，确保测试数据的可靠。

7. 冬季地表冻结时，地球物理勘探作业宜选择无须接地或对接地条件要求不高的方法，如地质雷达、瞬变电磁法、地震勘探等。

8. 对所取得的地球物理勘探资料需结合场地条件、冻土特征、冻土发育情况及场地干扰等因素综合解译，必要时应采用挖探、钻探等手段验证。

5.6.3 冻土地区地球物理勘探方法应根据冻土的物理性质和场地条件，通过试验研究确定适宜的地球物理勘探方法。

5.6.4 场地条件对地球物理勘探的适宜性，应考虑下列因素：

1. 冻土的埋藏条件及其与周围介质的物理性质的差异（如电阻率的明显差异等）。

2. 地表起伏变化，地表层土体冻融的不均匀性及影响地球物理勘探工作的地面障碍物。

3. 场地附近有无对冻土地球物理勘探工作造成干扰的因素（如高压线、地下金属管道等）。

5.6.5 地球物理勘探时应取得场地的冻土地球物理勘探参数，当资料缺乏时还应实测其地球物理勘探参数。

5.6.6 冻土地区地球物理勘探成果应包括下列内容：

1. 冻土的类型及其分布特征。

2. 季节融化层深度及多年冻土的上、下限。

3. 厚层地下冰的分布特征。

4. 多年冻土地区地下水及其赋存条件。

5. 多年冻土的波速、动弹性模量。

6. 与路基病害相关的其他参数。

5.6.7 进行地球物理勘探成果解译时，应考虑不同地质因素引起的物理现象异常的多解性，区分有用信息和干扰信号，进行综合解译，必要时应布置钻孔取得资料进行验证。

5.7 取样与运送

5.7.1 在季节冻土层深度与多年冻土季节融化层深度内，应沿其深度方向采取土样，采样数量应根据设计需要确定，且每层不宜少于1个试样，用于土工试验，评定冻胀、融沉等级，确定地基承载力。

5.7.2 根据冻土试验目的和要求，冻土试样可按表5.7.2分为三级。

表 5.7.2 冻土试样等级划分表

级别	冻融及扰动程度	试验内容
Ⅰ	保持冻结状态	土类定名、冻土物理力学及热学性质试验
Ⅱ	保持含水率并允许融化	土类定名、含水率、密度
Ⅲ	不受冻融影响并已扰动	土类定名、含水率

5.7.3 冻土取样方法和要求，可按下列规定进行：

1. 测定冻土基本物理指标的试样，应由地表以下0.5 m开始逐层采取，取样间距根据工程规模、工程特点及冻土工程地质性质确定，一般取样间距不宜大于1.0 m。

2. 测定冻土力学及热学指标时，冻土取样应按工程需要采取。

3. 应从原状岩芯、探坑或探槽壁上采取土样。

5.7.4 在对多年冻土钻探、取样、运输、贮存及试验等过程中，应采取防止试样融化的措施。

5.8 试　　验

5.8.1 冻土试验包括室内试验与原位测试，试验项目应根据冻土特性和路基工程病害的性质选定。

5.8.2 土在冻结状态下各种性能的测试方法、仪器设备和操作步骤应遵循现行国家有关规范规定。土在融化状态下各种性能的测试方法、仪器设备和操作步骤应遵循现行国家标准《土工试验方法标准》(GB/T 50123)的规定。

5.8.3 无统一试验标准的特种试验项目，在提出试验数据时，应同时说明试验方法、仪器和试验步骤。

5.8.4 冻土试验项目应根据需要进行总含水率、未冻含水率、冻结温度、导热系数、冻胀率、融化压缩等试验；对盐渍化多年冻土和泥炭化多年冻土，应分别测定易溶盐含量和有机质含量。

5.8.5 原位测试宜包括：地温、地下水位、多年冻土上限深度及下限深度、季节冻结深度、季节融化深度、季节冻土层的分层冻胀以及冻融过程等。

5.9 勘察报告

5.9.1 冻土工程地质勘察成果报告应在搜集、调查、测绘、勘探、测试、试验等资料的基础上进行整理、分析、编制。

5.9.2 冻土工程地质勘察成果报告应包括下列内容：

1. 工程概述。

2. 勘察目的、要求和任务。

3. 勘察方法、勘察工作布置及工作量。

4. 场地地形地貌、地层岩性、地质构造、不良地质，冻土特征、现象、物理力学性质、热学性质。

5. 冻土试验参数的分析与选用。

6. 冻土工程地质条件、水文地质条件及环境变化影响评价。

7. 地基冻胀性和融沉性评价。

8. 路基病害治理设计原则的建议。

9. 工程治理期间可能发生的冻土工程地质问题的预测、监控及预防措施的建议。

5.9.3 冻土工程地质勘察报告一般应包括以下附件：

1. 勘探和试验点平面布置图。

2. 冻土工程地质平面分区图。

3. 冻土工程地质剖面图(纵、横剖面)。

4. 冻土工程地质柱状图(包括冻土工程地质综合柱状图)。

5. 室内试验资料及图表。

6. 原位测试及地温观测图表。

7. 冻土利用、整治、改造方案的有关图表。

8. 冻土工程计算图表。

9. 其他有关资料(包括素描、照片和图件)等。

6 多年冻土区路基病害整治

6.1 整治原则

6.1.1 对于青藏铁路多年冻土区既有路基工程，因多年冻土退化而导致的工程病害的整治原则应采用保护多年冻土或减缓多年冻土退化的原则，不宜采用破坏多年冻土的原则。

保护多年冻土的原则是采用制冷或保温隔热作用的措施，以增强地基土的冻结能力，从而达到保护多年冻土的状态，消除引起路基产生融沉病害的因素，保证路基的稳定。

减缓多年冻土退化的原则是路基和建筑物在正常使用过程中，通过采取措施减缓冻土融化的速度，使得路基的变形速率在可控制的范围。它适用于年平均地温较高、多年冻土厚度较薄(约 5～7 m)，且采取保护冻土的措施也难以保证多年冻土稳定的地段。

对既有运营路基，采用破坏多年冻土的措施时，会导致路基在短时间内产生剧烈变形，影响运营安全。

6.1.2 针对多年冻土区工程病害的整治，应本着“先治水，后补强；先环境，后工程”的治理原则进行。

6.1.3 冻土区路基工程病害整治从根本上是对路基地温场的控制，从表现上是对路基工程变形的抑制：

1. 控制发生冻融循环变化的土层厚度，从而控制路基阶段变形量，缩短路基稳定过程。

2. 采取措施调控路基冻融过程，使路基地温场形态对称，从而减少差异变形。

3. 降低冻土温度，使路基人为上限尽量抬升，减小冻融循环过程中路基变形总量，减少路基长期变形。

6.2 主要技术措施

6.2.1 片石气冷路基结构

片石气冷路基结构指片石护道、片石护坡。

片石层可以有效地提高路堤下地基的蓄冷量，增强冻土的热惰性，降低多年冻土地温，保护多年冻土。

片石护坡技术标准：

在高温极不稳定区（TCP-Ⅰ）和高温不稳定区（TCP-Ⅱ），路基阳坡厚度为1.6 m，路基阴坡厚度为1.2 m，也可采用变截面的铺设方式。

在低温基本稳定区（TCP-Ⅲ）、低温稳定区（TCP-Ⅳ），路基阳坡厚度为1.2 m，路基阴坡厚度为0.8 m。

地表水发育、路堤坡脚积水地段，在片石层下部加设挡水保温护道。挡水保温护道用黏性土填筑，厚度0.5 m，与片石层底面同宽。片石层设置原则同上。

片石技术标准：片石块径15～30 cm，单轴极限抗压强度大于30 MPa。

6.2.2 热棒

热棒主要应用于因冻土退化而导致的路基热融下沉病害的治理。根据路基病害产生的原因，分别在路基两侧（或一侧）

不同的部位(路肩、路基坡脚、护道内侧等)设置热棒,以增强地基多年冻土的冻结能力,抬升人为上限。

热棒的应用范围比较广,但存在路基坡脚积水的情况时,应先采取截排水措施,再设置热棒。

对于多年冻土路基病害的治理,热棒分布间距宜控制在3 m,热棒埋深一般在4～9 m。

6.2.3 填土保温(挡水)护道

在路基坡脚外侧填筑土护道,可减少由地表传入路基坡脚的热量,减少地表水和冻结层上水对路基坡脚基底多年冻土的影响,进而起到保护路基基底多年冻土的作用。

填土保温(挡水)护道多用于路基坡脚积水地段,可与热棒、保温板共同使用。

土护道采用粉黏土填筑,分层碾压,压实度大于80%,土护道宽度为3～5 m,填筑高度为1.5～3 m。

6.2.4 保温板

保温板多用于填土保温(挡水)护道结构中,在土护道填筑50 cm高度时,铺设5～10 cm厚保温板,保温板及土护道顶面由里向外设置不小于4%的纵坡。

6.2.5 遮挡式结构

遮挡式路基结构利用遮蔽原理,阻止太阳光的直接辐射,减少对多年冻土层的热扰动,提高冻土层的热稳定性。

对于运营期青藏铁路多年冻土区路基病害的治理,可选用遮阳板结构,用于路基边坡和坡脚的防护,治理因融沉产生的路基病害。限于铁路的运营安全,不宜选用遮阳棚结构。

选用遮挡式路基结构时,要考虑遮挡材料的耐久性、抗风能力以及遮挡结构表面的反光性能,不得采用因表面反光而影响列车驾驶员视线的遮挡结构。

6.2.6 路基截排水结构

地表水和地下水(冻结层上水)是引起冻土地区路基病害的主要因素,因此应全面疏通路基排水系统,必要时结合截水措施将地表水和冻结层上水阻挡在路基系统之外。

6.2.7 通风式路基结构

通风式路基结构主要指在路基本体一定深度埋设贯通横断面的通风管的路基结构,这种路基结构在青藏铁路高温冻土区清水河试验段以及北麓河试验段进行了局部试验,虽然试验数据证明了通风式路基的效果,但是由于施工过程中对通风管埋设时基底土层碾压的控制欠缺,导致后期路基出现裂缝;另外由于运营期路基工程无法再铺设通风管,因而在冻土区路基工程病害治理时不宜采用通风式路基结构。

6.2.8 新工艺、新材料的应用试验

青藏铁路多年冻土区工程地质条件复杂,结合工程病害产生的机理,积极开展新工艺、新材料的应用试验,可为青藏铁路多年冻土区工程病害的治理提供更多手段。

6.3 路基病害整治工程措施

多年冻土区路基病害是多种自然因素(包括人为活动)长期、互相作用的结果。而每项整治措施大都涉及好几种影响因素,其作用各有利弊,且互相影响。因此在病害整治中,应尽可能采取多种、配套的整治措施,有主有辅,使它们的作用互相配合和补充,消除其中的不利作用,才能达到较长远的预期效果。

技术对策：

(1)重点地段补充勘察，查明多年冻土的基本情况，分析路基变形产生的原因。

(2)加强防排水，完善路堤排水系统，增设土护道，防止坡脚积水和路基横向过水。

(3)增加热防护，在高含冰量地段增设片石护坡、片石护道、热棒或遮阳板结构，缓解多年冻土退化速率。

(4)加强对路基沉降的监测和预测。

(5)恢复地表植被。

6.3.1 路基冻害

路基冻害治理措施应着眼于消除冻胀发生条件、降低水的侵蚀。

1. 冻胀：结合青藏铁路沿线特点，路基冻害宜从截排水方面考虑。

青藏铁路多年冻土区路基因不均匀冻胀变形而形成冻害的地段很少，在唐古拉山区一路堑段因冻结层上水发育，路基渗水，寒季出现路基冻害，结合地形设置排水盲沟即可。

2. 寒冻裂缝：因气温急剧下降，使路基土体产生不均匀的冻结收缩，在道床或路肩上造成纵向裂缝，其发展过程一般不可逆。

治理措施为及时回填裂缝，夯实基床及边坡土体，避免雨水及杂物渗入裂缝内。

6.3.2 路基热融沉降

青藏铁路路基工程产生较大沉降变形的地段多属高含冰量多年冻土地段，因原始地表热状态的改变、地表水渗入，使地基多年冻土发生变化而产生融化下沉和压缩下沉。此类病害应结合现场实际情况和路基病害产生的原因进行治理。

1. 对于因路基坡脚积水或路基基底透水而导致的路基下沉,可采取如下措施:

(1)清除或疏导积水,填平积水洼地,并向路基外侧设置一定坡度。

(2)截排水:路基上游侧设排水沟或保温盲沟、止水板、挡水保温护道等措施,路基下游积水可设置挡水保温护道和排水沟。

(3)提高路基的冻结能力:路基坡脚或护道增设热棒;设片石护坡、片石护道,片石底部应有与坡脚平齐且不少于 50 cm 厚度的填土;设置遮阳板结构。

2. 地势平坦或地势有一定起伏但无排水条件的地段,可采取如下措施:

(1)路基两侧设止水板、挡水保温护道等措施。

(2)路基坡脚或护道增设热棒、片石护坡、片石护道或遮阳板结构,设置片石时底部应有与坡脚平齐且不少于 50 cm 厚度的填土。

3. 地表无积水,因路基吸收太阳辐射热量而导致的多年冻土路基产生热融下沉地段,治理方案可只从提高路基的冻结能力方面考虑,比如增设热棒、片石护坡、片石护道或遮阳板等结构。

4. 冻融过渡段路基的热融下沉路段可根据路基积水情况,分别采取截排水措施和提高路基冻结能力的措施,减缓冻土的退化速率。

5. 针对桥头路基下沉,首先应加强排水措施,设置排水沟、止水板或保温盲沟,减少路基坡脚积水和路基透水;对桥头护锥增设热棒和片石防护；桥头路基段设保温护道、热棒或片石。

6.3.3 路基开裂

青藏铁路运营初期多年冻土区路基裂缝出现得比较多，随着铁路的运营与维护，路基裂缝大量减少，目前路基开裂现象主要出现在高路堤地段。

高路堤的开裂，其原因为：(1)路基坡脚积水或路基基底过水，基底多年冻土产生较大的热融下沉及压缩下沉量；(2)高路堤坡面吸收的太阳辐射热量较多，增加了多年冻土的热融下沉量；(3)路基两侧接收太阳辐射热量存在差异，路基两侧多年冻土融化下沉不均造成路基开裂。

治理措施：(1)截排水：修复排水沟或设置保温盲沟、止水板等，路基坡脚设挡水保温护道；(2)增设热棒、片石护坡、片石护道或遮阳板结构，增强路基的冻结能力；(3)路基裂缝注浆填塞；(4)坡面高大且裂缝发展较严重的，若坡面产生下滑的可能时，可设置桩板墙结构，并填土反压。

6.3.4 路堑边坡变形

青藏铁路多年冻土地区路堑边坡防护的目的之一是降低坡面温度，增加边坡活动层热阻，减小边坡融化深度，提高边坡的热学和力学稳定性；另一个目的是改善坡面排水性能，减少坡面冲沟，降低坡面的水土流失，提高边坡的稳定性。

根据青藏铁路多年冻土区段路堑边坡的防护形式及病害情况，路堑边坡的防护可根据实际情况进行如下选择：

1. 石质边坡可采用喷锚支护的形式，土质边坡不宜采用，特别是边坡有渗水的地段不能使用。

2. 土质边坡可采用骨架护坡的形式，坡面因出水段产生较大变形的地段可采用框架护坡的形式。

3. 高含冰段路堑边坡采用超挖并回填土的地段，在使用期间坡面有一定的变形，可对坡面进行填土平整，不宜采用对冻土扰动较大的工程，同时可在坡脚设置热棒以增强多年冻土的冻结能力。

4. 路堑边坡受水的热侵蚀影响而产生较大变形的地段，应根据水的来源和水的排泄两方面考虑，完善堑顶排水系统，可设置挡水埝、排水沟，防止地表水渗入坡面，坡底部可设排水沟或保温盲沟。设置排水沟时应采取措施以防止沟底渗漏水。

6.3.5 路基排水系统病害

多年冻土环境的热稳定，要求多年冻土地区的路基排水系统尽量少挖或不挖排水沟。为保护多年冻土环境，提高路基的稳定性，多年冻土地区的路基排水宜用挡水埝和挡水护道。路堑地段宜采用坡顶挡水埝，顺坡排水；路堤地段宜用挡水护道，或采用填土反压积水坑的方式，将地表积水阻挡在距路基坡脚15 m以外，以确保路基的稳定性。

青藏线排水系统破坏现象比较严重，少有能够多年不坏的结构形式，特别是在排水坡度小且地表水、冻结层上水发育地段，破坏得尤其严重。此类病害治理建议：(1)及时修复破坏的排水沟；(2)坡度小且地表水、冻结层上水发育地段不宜采用预制块结构或U形排水沟；(3)地势平坦或略有起伏，不利于排水的地段，宜采用挡水保温护道或止水板代替排水沟；(4)对于冻结层上水发育地段且路基有透水现象的地段，宜采用保温盲沟。

必须采用排水沟时，排水沟内侧坡顶线离路基坡脚的距离不宜小于5 m。排水沟断面宜采用宽浅形式，以尽量少削减活动层的热阻，维持多年冻土环境的相对稳定。

应系统考虑路基排水性能，使得沟沟相连、沟涵(桥)相通，过水能力匹配协调。应做好路基排水设施的整修和清理工作，确保排水系统经常处于不堵不淤、不渗不漏、不冲刷的状态。

在冻结层上水发育对路基有危害的地段，应根据冻结层上水的埋藏深度和含水地层的具体情况设置明沟、保温盲沟等排水设施。

结合青藏铁路沿线路基防排水的具体情况，积极探索更为合理有效的防排水系统。

6.3.6 冰椎、冻胀丘地段路基病害

首先查明冰椎、冻胀丘的形成原因，找出其地下水或冻结层上水的水流路径，设置排水保温盲沟将水截排在远离线路的地方；在路基两侧增设排水保温护道及埋设热棒，增强地基多年冻土的冻结能力，使冰椎、冻胀丘远离路基。

具体做法如下：

(1)修建排水盲沟：排水盲沟沟底设置3%的纵坡，在沟底铺设1 m厚块石，块石直径为20～30 cm，块石顶铺设土工布，纵向搭接长度不小于100 cm，用原土找平土工布表面，之后铺设两层5 cm厚挤塑式聚苯乙烯保温板，上下两层交错铺设，保温板上用原土回填。

(2)在路基两侧(或一侧)原坡脚外侧填筑土护道，采用粉黏土填筑，分层碾压，压实度大于80%，土护道填筑高度为1.5 m，在土护道填筑为50 cm高度时，铺设10 cm厚挤塑式聚苯乙烯保温板，保温板及土护道顶面由里向外设置不小于4%的纵坡。

(3)路基两侧(或一侧)埋设热棒，热棒分布间距3 m。

6.3.7 热融湖塘发育地段路基病害

每年热融湖塘随着季节及降水变化，其影响范围也时大时小，路基附近的热融湖塘范围的变化影响着路基基底多年冻土的稳定。但由于热融湖塘本身具有一定的热稳定性，对于路基附近的热融湖塘不宜直接将其填平，也不宜采用直接将水抽干的方法。热融湖塘分布地段路基排水系统不得向热融湖塘排水。

对于热融湖塘的治理可采用综合的治理措施：

(1)路基坡脚填筑挡水保温护道，尽可能地减少水对路基的影响。

(2)增设热棒，增强地基多年冻土的冻结能力。

(3)设置一合适的排水通道，当热融湖塘水量增加时，使得增多的水能够通过此通道排走，进而保持原热融湖塘面积不增大。

7 路基病害治理工程施工

施工单位应根据人员设备配置、工程数量、工程特点、多年冻土工程地质条件、工期及环境保护要求，编制施工组织计划。在工程施工前，充分做好人员、材料、施工机具的准备，以确保治理工程快速施工。

7.1 一般规定

7.1.1 多年冻土区铁路路基维修、养护施工，应以保护多年冻土环境为原则，采用快速施工方法，尽量缩短施工期限。

7.1.2 工程施工前，应对各项施工项目进行统筹安排，合理部署施工力量，正确选择适宜施工时间和施工方法。

7.1.3 铁路的养护与维修单位应严格按照设计文件要求组织施工，建立合格的质量管理体系，对职工进行高原多年冻土区冻土工程性质、施工技术特点和冻土环境保护要求、卫生保障等基本知识培训，严格按照设计要求完成路基治理工程的施工。

7.1.4 施工单位在施工前应详细核对设计文件，搜集施工地段的多年冻土工程地质和水文地质资料，了解多年冻土的类型、分布及温度特点，施工点周边地形、地貌、地表水体分布、植被覆盖情况等。

7.1.5 组织沿线施工调查，为土石方调配和编制施工组织设计收集资料，应重点调查收集以下资料：

1. 沿线地形、地貌、地表水体分布、地层岩性特征、植被覆盖情况等。

2. 多年冻土的类型、分布及温度特点。

3. 不良冻土现象的类型、分布、发生、发展特点及其对施工的影响。

4. 核对土石工程类别及其分布，了解集中取土地点的位置，进行填料复查和试验；调查施工环境、弃土位置、填料来源和运土条件（包括运距及道路交通情况）等。

5. 交通、通信条件及修建各项临时工程的条件。

6. 生活用水和施工用水水源的分布、水质及可开采量。

7. 不良冻土现象分布地段路基应根据不良冻土现象的特点及拟采取的工程措施收集工点的工程地质资料及水文地质资料。

8. 调查路基工程治理地段附近的输油管道、光缆、电缆等设施的位置。

7.1.6 根据工程数量、工程特点、多年冻土工程地质条件、工期及环保要求，编制工程施工组织设计。施工组织设计应充分考虑高原及多年冻土的特点，充分利用路基施工的最佳季节，正确选用施工方案，合理组织施工队伍，统筹安排土石方调配，选择合适的高原冻土区施工机具设备，做到既保证质量和工期，又经济合理；建立环境保护机构，制定多年冻土环境保护措施。

7.1.7 施工中应对暴露的基坑加强临时隔热防护，尽量减少对地基多年冻土的热干扰。

7.1.8 施工中应积极采取措施保护植被及沼泽湿地，尽量减少对植被的破坏，以维护现存地表的热量平衡，维持多年冻土的热稳定。施工结束后，应对被破坏的植被进行恢复和处理。

7.1.9 如需开挖基坑，应将地表苔藓、草皮层铲起，移植于适当地点保存，施工结束时，用于施工场地的植被恢复。

7.1.10 不在高含冰量多年冻土分布地段、不良冻土现象发育地段和植被良好地段取土。

7.1.11 严格编写工点施工日志。记录内容：工点病害情况(类型及危害程度)、采取的工程措施、天气情况、施工过程、地基冻土条件、起始施工时间和竣工时间等。为冻土路基长期稳定性分析和维护方案的制定提供依据。

7.2 施工人员培训

7.2.1 加强对参与多年冻土区工程施工人员的培训和管理，提高全体施工人员对多年冻土和多年冻土环境特性的了解和认识水平，提高全体施工人员的环境保护意识和冻土工程施工技术水平，确保多年冻土地区路基病害治理工程施工的顺利进行。

7.2.2 开工前，组织有关人员详细核对设计文件，了解施工地段季节融化层和多年冻土层的岩性成分、季节融化层厚度、多年冻土的工程类别、地表植被覆盖情况及水文地质条件等。

7.2.3 组织有关技术人员参加设计单位组织的设计和施工技术交底，全面了解路基病害地段多年冻土的分布和特征、地基基础的设计原则、拟采用的工程措施特点、确保工程质量的施工关键技术和保护多年冻土环境的要求。

7.3 施工准备

7.3.1 青藏铁路多年冻土地区路基病害治理工程的施工，应尽量采用机械，以降低劳动强度，加快施工进度。

7.3.2 青藏高原多年冻土地区严寒的气候条件和恶劣的施工环境，以及冻土的特殊工程性质，要求土方施工机械必须具有以下良好技术性能：

1. 要求施工机械具有大的输出功率。

2. 在严寒的气候条件下，要求施工机械具有良好的低温启动性能。在启动前，应做好机械设备的预热工作。

3. 在低温条件下，机械的操作、运行系统必须使用灵活，即必须具有适应低温环境的操作和走行系统。

7.3.3 青藏高原多年冻土地区，气候严寒，人烟稀少，交通不便，为确保施工"连续、快速"进行，施工机械和工具应有一定数量的备用件，同时加强机械维修力量，增加易损零件、配件的储备。

7.3.4 根据施工季节不同，准备足够数量、适合使用的燃油和润滑油。

7.3.5 施工中所用一切材料，包括土方、片石、水泥、砂石料、钢材等，应在施工前准备齐全，运至使用地点。

7.4 施工季节的选择

由于多年冻土的变化受温度、热量的循环与消长控制，而这些变化又存在着明显的滞后现象，因而在多年冻土区，施工季节的选择就比非冻土地区更加重要和严格。

7.4.1 填筑保温护道，最佳工期是每年的 2—5 月，这时的地温最低，填筑保温护道后可蓄存较多的冷储量。

7.4.2 片石护坡、片石护道的施工季节最佳选择在每年的 2—5 月，也可适当放宽至 12 月—次年 5 月。

7.4.3 热棒应在 10—11 月寒季来临之前埋设完成，最迟不超过 4 月中旬暖季来临前。

7.4.4 保温盲沟的修建，应在寒季到来前完成，不得跨年施工。最佳工期是每年的 6—9 月。

7.5 热棒施工

7.5.1 材料准备

热棒采购应按照设计型号，进行统一招标采购，每一根热棒在出厂前都应有质量检测合格证书，且外观完好无损。

7.5.2 出厂检验

热棒在按照设计图定制生产后，要经过 100％出厂检测和现场抽样检测，检测的项目包括以下内容：

1. 启动性能和等温性能检测。
2. 超声波检测。
3. 密封性检测。
4. 热传导性能检测。

7.5.3 材料运输

热棒应由生产厂家负责运至施工现场，并由施工单位根据出厂检验报告和产品出厂质量证明文件现场接收。

7.5.4 第三方检测

热棒接收后应组织第三方检测机构对其进行检测，并书面通知生产厂家。

7.5.5 施工准备

工程施工前，应对临时建筑、运输道路、水源、电源、照明、主要材料和机具及劳动力等进行充分准备，并作出合理安排。

7.5.6 钻孔

根据设计与热棒施工工序要求，垂直和斜置热棒，待路基整治改建结束以后，在路基两侧边坡上稍作平整处理，利用工程钻机，施工钻孔，为热棒吊装作好准备。

施钻准备与成孔：

1. 热棒埋置点定位：依据设计要求采用经纬仪放样定位，平整场地，立起钻架，准备开钻。

2. 钻机固定：一般采用较简单的地锚固定法，在地层较复杂，特别难钻或钻机振感较大的情况下，必须采用钢丝绳固定或支架支撑，避免发生意外。

3. 钻孔深度及钻孔直径：钻孔深度应比设计深度大 10～20 cm；钻孔直径应比热棒管壳直径大 5 cm。根据目前常用热棒的直径，为满足热棒与钻孔间的间隙填塞密实，钻头直径应选择为 127 mm。

4. 钻进角度控制：开孔时采用导向装置，用慢速钻进，液压给进加压，保证钻孔角度与设计的热棒角度一致，允许误差不超过 1°。

5. 对于成孔过程中易产生塌孔的地段，应考虑在钻孔过程中增加套管，以避免反复塌孔影响热棒的安装质量。

7.5.7 热棒吊装

1. 热棒安装前，需对现场检验热棒管道的防腐、保温、防水层处理等相关项目进行检查。

2. 钻孔施工完成后，应及时起吊热棒，进行热棒安装。在吊装时，还要结合工件的强度、刚度、局部稳定性等选择最有利的受力位置，必要时应采取加固措施，以确保安全施工。

3. 在吊装单支热棒时，利用热棒顶部的吊环作为受力点进行起吊时（设计吊点），根据热棒的长度，采取必要的防护措施，防止因设备的摇摆而发生危险。要求吊车吊臂有效起吊高度超出热棒的长度 1 m。

4. 吊装时，应注意不要压伤和擦伤工件（尤其是上部的翅片部分）。

5. 主要吊装工序如下：

(1)吊装设备就位。

(2)起吊。

(3)热棒孔内就位。

(4)孔内热棒导正。

7.5.8 回填及现场清理

1. 热棒吊装置入孔后，用黏砂土浆回填热棒与孔之间的间隙，要求回填密实；回填时要确保黏砂土浆在完全填充密实前未冻结。

2. 配制的黏砂土浆应有较好的流动性，必要时可考虑采用注浆的方式回填空隙，回填后应确保热棒蒸发段与周围土体紧密接触，回填充盈系数不小于 0.9。

3. 热棒安装过程中，应安排技术人员或监理旁站，以确保安装质量。

4. 热棒安装完毕后，应对其防腐层进行检查，如有损坏，应予以补涂。

5. 热棒安装完成后，对施工场地进行清理，将施工垃圾清理远运或埋藏于地表以下，并恢复路基边坡原状。最后对热棒施工进行全面验收。

7.5.9 热棒的制作工艺比较复杂，其密封要求十分严格，稍有渗漏热棒将不能工作。在搬运和安装过程中应特别小心，防止碰撞，以保护表面涂层和热棒的密封性。

7.6 片石护坡、护道施工

7.6.1 材料准备

按照设计要求复核片块石用量，对石料场储量进行测算，对石料品质进行试验，确保石料符合工程要求。石料强度不应低于 30 MPa，应选择洁净、耐冻、无级配、无风化、无水锈和裂纹的石料；合格的石料应按照设计文件要求进行破碎和筛选；可将不符合要求的小碎石作为片块石层上的找平填料，最大限度地利用开采的片块石，减少废弃量。

确保所用片块石符合要求。片块石粒径应在 15～30 cm 范围内，片块石最小边长宜大于 15 cm；空隙率不宜小于 25%，且空隙内不得充填碎石或其他杂物；压碎值不得大于 25%；片石应该在料场加工至合格粒径后再运至施工现场，严禁在现场加工片块石。

7.6.2 路基坡脚底面处理

施工前应对路基坡脚底面进行碾压整平，坡脚可能积水地段应先填筑不小于 50 cm 厚的填土层并压实，并设置 4%排水横坡。

7.6.3 片石填筑

片石护坡、片石护道位置及厚度应严格按照设计文件执行。为保证片石边坡稳定和美观的要求，片石表面应进行码砌。片石填筑时，应安排好石料运输线路，专人指挥卸料，按先低后高的顺序施工。

7.7 保温层施工

7.7.1 保温材料准备与检测

依据设计要求控制指标，对每批次到的材料均应进行抽检，抽检频率为到货量的 20%。

7.7.2 隔热材料运输与储存

保温材料属于轻质易燃化工材料，要求全程注意防火，鉴于青藏高原空旷风大，运至工地还要对板材进行围捆，确保材料安全。

7.7.3 施工前技术交底

在所用材料、机械设备、人员等准备充分完成，且经技术人员技术交底后方可进行施工。

7.7.4 施工季节选择

保温层路基一般要求 6 月底以前安排施工。如果冬季无法施工，应避开最大融深季节。

7.7.5 埋置位置确定

保温板主要应用于保温土护道中，应根据设计要求埋设位置进行施工。保温层下的填土按施工要求进行压实、整平。

7.7.6 铺设保温层

在下垫层标高、压实度、平整度达到控制指标后，将保温材料依据设计搭接方式进行铺设，本环节注意搭接的处理问题。当铺设两层板材时，应错缝铺设。

7.7.7 保温层上填土及压实

施工机械不能直接碾压保温板。保温层铺设完成以后，先摊铺 50 cm 虚土，再用压路机碾压压实至设计要求。

7.7.8 质量及检测要求

1. 保温板基本技术性能测试(满足设计指标要求)。
2. 施工过程控制与检查(满足过程控制要求)。
3. 板上结构层压实度检测(满足设计结构层压实度要求)。

7.8 防排水工程施工

7.8.1 工程开工前认真核对设计文件，组织现场水文调查，理解和领会设计意图。

7.8.2 在施工前做好测量放样，在不违背设计意图的原则下，确定防排水设施的具体走向和标高，特别要确保桥涵入口衔接平顺、排水通畅。

7.8.3 施工中和工程竣工后，路基两侧不得形成积水洼地。

7.8.4 保温盲沟的施工应从出水口开始，向高处逐段开挖，逐段防护；基坑排水可在下游设集水坑抽水排出。开挖保温盲沟时的挖方土可在盲沟的下游侧做成 50 cm 高的挡水埝，拦截地表水。盲沟开挖时，应注意临时隔热防护，防止基坑中高含冰量多年冻土的大量融化，给施工造成困难；防护的主要途径是遮断太阳的直接辐射，可采用保温材料覆盖和搭遮阳棚等。

7.8.5 挡水埝宜采用黏土分层填筑，采用粗颗粒土填筑时要做好迎水面防水层，每层虚铺厚度不得大于 0.25 m。挡水埝的密实度可较路基本体密实度标准减少 5%。挡水埝填筑成型后按设计尺寸修整边坡，边坡应平顺密实。对于挡水埝两侧凹凸不平的地方应采用垫土夯实的办法整平，使排水顺畅。

7.9 桩板墙工程施工

7.9.1 高含冰量多年冻土地段，桩板墙的施工应安排在寒季或寒暖季节过渡期；低含冰量多年冻土地段可安排在暖季施工。

7.9.2 桩孔的开挖宜采用机械（旋挖钻）进行施工，以达到减轻人员劳动强度，以及快速、安全施工的目的。

7.9.3 桩孔经检查合格后，安放桩体钢筋笼，按设计定位加固，灌注地下部分桩身混凝土，地下部分桩身混凝土应一次性连续浇筑，不得中途停顿。当混凝土强度超过设计强度的30%时，即可安装桩身上部模板，并做好定位加固，经检查合格后，灌注桩身混凝土。

7.9.4 混凝土的养护视季节与气候情况，采用覆盖、包裹或蓄热等方法进行，确保混凝土在低温环境下不受冻，达到设计强度。

7.9.5 桩体达到设计强度后，即可组织挡土板的拼装，挡土板的拼装宜采用机械吊装。

7.9.6 桩板墙后回填土应符合设计要求，回填土的压实不得采用重型压路机振动碾压，应用小型压路机或振动夯实机分层压实。

8 临时工程布设

8.1 一般规定

8.1.1 结合青藏铁路路基工程治理的规模，临时工程的设置与修建规模一般较小，临时工程的布设应满足以下要求：

1. 临时工程宜选择在融区、少冰冻土、多冰冻土或基岩浅埋处。

2. 临时工程的修建应减少对多年冻土的扰动，不得在临时工程附近形成新的积水洼地。

3. 在植被发育良好的地段、高含冰量冻土地段、不良冻土现象发育地段不宜布置临时工程。

4. 混凝土工程需加热时，必须采取隔热防护措施。

8.1.2 临时工程的环境保护，应符合本技术手册第 10 章的规定。

8.2 施工营地布设

8.2.1 根据青藏铁路路基工程病害治理工程的规模，施工营地的布置和建设规模不宜过大。

8.2.2 施工营地不宜修建或搭设在植被覆盖良好的地段和高含冰量冻土地段，不得阻挡地表水的排泄。

8.2.3 施工营地的修建应尽量减少对多年冻土的扰动。尽量避免挖方,不得切割、阻拦地表径流,不得在临时工程附近形成新的积水洼地。

8.2.4 高含冰量冻土地段有热源的房屋宜采用隔热基础,防止多年冻土融化影响房屋的正常使用。

8.2.5 施工营地应按有关卫生防疫规定进行防疫消毒处理。

8.2.6 施工营地必须根据防火有关规定合理布置,所有临时房屋、仓库、实验室等必须配备足够的消防器材。

8.2.7 施工营地在施工完成后,应予拆除。

8.3 施工便道

8.3.1 施工前应对取、弃土场分布及路基病害工程工点位置情况进行详细了解,合理规划施工便道、安排土石方调配及材料供应计划。

8.3.2 施工便道,一般应为填方,设置单车道时在适当距离修筑会车平台,应尽量避免挖方;高含冰量冻土地段的施工便道,其填筑高度不应小于 0.5 m,并不得在便道两侧取土。各种施工机械和车辆应在便道上行走,不得在便道外随意行驶,以保证工程周围地表不受破坏。

8.3.3 填筑施工便道时,不得铲除地表植被和覆盖层,便道可直接在原地表修筑。

8.3.4 施工便道应利用天然地面顺坡排水,防止地表水在便道两侧聚集,必要时应设置排水设施。

8.3.5 施工便道的位置距离路基坡脚应在 20 m 以外,不宜太近。

8.3.6　修筑施工便道时，在青藏铁路路基两侧 50 m 范围内不得挖砂取土。

8.3.7　在与铁路路基衔接处 20 m 范围内的施工便道最大纵坡不得超过 5%，便道设置不得侵害铁路路基。

8.4　取、弃土

8.4.1　取、弃土场的设置，应充分考虑保护多年冻土环境。

8.4.2　取土场的设置应考虑其对路基工程的影响，施工时不得在线路附近取土。

8.4.3　取土场离线路的距离不宜小于 100 m。取土场取土完成后，应对取土场内的地面进行平整，边坡进行整理，并疏通排水通道。

8.4.4　取土场应设置在少冰冻土、多冰冻土分布地段或融区中的土质良好的山包、高地或基岩出露地段，取土数量以不形成低洼负地形为原则。在富冰冻土、饱冰冻土和含土冰层分布地段严禁取土。

8.4.5　弃土场应选择在地势低洼、无地表径流、无植被覆盖或植被覆盖率低、远离线路的荒地。严禁侵占河道、湖泊和沼泽湿地，不得将弃土场设置在植被发育良好的地段。

8.4.6　在河道管理范围内，不得堆置弃渣、垃圾等。工程确需采砂、取土和在河滩上存放物料和建房时，必须报经有关主管部门批准。

9 多年冻土区路基工程监测

9.1 监测内容

多年冻土区路基工程的监测主要是针对典型路基病害及其治理措施进行的，其目的是监测路基病害的发展趋势以及了解所采用措施的实施效果。通过对多年冻土区路基工程治理措施的监测，可为多年冻土区铁路路基工程病害整治的设计、施工和日常的维修养护工作提供依据。

9.1.1 针对典型路基病害的监测，宜从路基病害勘察工作开始时就设置观测站（点）；而对于路基病害治理措施的监测应结合路基病害治理的设计文件，在施工期进行布置。

9.1.2 多年冻土区路基工程的监测主要包含地温监测和路基变形监测，特殊地段可考虑水分监测。

9.1.3 多年冻土地温观测孔的深度不宜小于 15 m。

9.1.4 观测宜包括以下内容：

1. 气温、冻土地温、冻土上限、季节冻结深度、地下水位、融化下沉量及冻胀量、冻土现象的变化特征等。

2. 路基工程病害治理前后的变形监测。

3. 路基及天然地面的地温场变化特征。

4. 采用的各种防止冻胀、消除融沉措施的适用性及效果。

9.2 监测技术要求

9.2.1 地温监测

地温监测采用高精度热敏电阻，精度应达到±0.01 ℃。观测方式可根据情况采用人工或自动，也可采用自动采集、自动存储、人工读取的方式。一般每5天观测一次，也可根据工程需要提高观测频率。

9.2.2 变形监测需设置水准基点，水准基点的设置需要考虑消除冻胀和融沉对基准点产生的影响，保证基准点的稳定。变形采用电子水准仪进行人工观测，观测频率根据监测目的确定。

9.2.3 路基变形监测水准基点设置

路基变形监测水准基点的设置非常重要，水准基点的稳定与否关系到所测变形数据的准确性。如果需要长期监测，应当按照多年冻土区专用水准基点的设计图(图9.2.3)在距路基坡脚20 m以外的地势较高处进行设置，如果是短期的对比观测，可以用附近桥台做水准基点。

9.2.4 路基变形监测沉降点设置

鉴于高原多年冻土路基的特殊条件，沉降点埋设一般采用混凝土浇筑的15 cm×15 cm×50 cm水泥块，中心预埋长20 cm的ϕ16 mm钢筋，预埋底端折弯，外露约3 cm，顶端磨成半圆形凸形。水泥块在路肩埋设30 cm，外露20 cm。

如果路肩是原来筑路时的填料，直接埋设。如果是加宽片石，需从地面取土埋设，不能用石块堆砌。

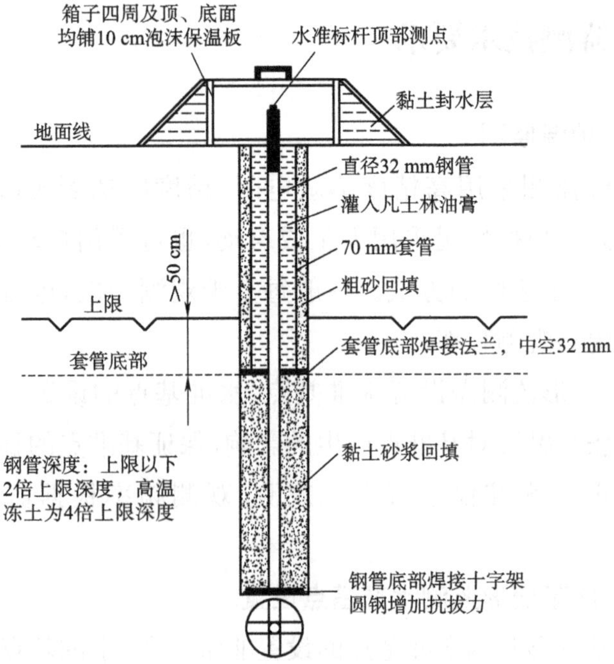

图 9.2.3　水准基点设置示意

9.2.5　路基变形监测测量等级及精度

路基水准路线观测按三等水准测量精度要求形成闭合水准路线，三等水准测量等级及精度要求见表 9.2.5。

表 9.2.5　测量等级及精度要求

沉降变形测量等级	垂直位移测量	
	沉降变形点的高程中误差/mm	相邻沉降变形点的高程中误差/mm
三等	±1.0	±0.5

9.3 数据处理

9.3.1 地温监测数据定期进行保存和分析，为路基修理方案提供基础数据。

9.3.2 每次变形观测结束后，及时整理观察资料，通过相邻两个周期的观测数据，掌握变形的时间特性，绘制监测点垂直位移变化图，并根据变形监测情况提出相应方案。

1. 年变形量大于 2 cm 且累计沉降量大于 10 cm，应引起关注并分析沉降变形趋势。

2. 年变形量大于 2 cm 且累计沉降量大于 20 cm，应及时向主管部门汇报，并加密观测频率。

3. 年变形量大于 5 cm 且累计沉降量大于 30 cm，应立即上报主管部门，采取补强措施，保证铁路运营安全。

10 环境保护

10.1 一般规定

10.1.1 青藏铁路沿线的多年冻土环境是极其脆弱的，一经破坏就难以恢复。工程施工中的环境保护，应体现“预防为主，保护优先，建设与保护并重”的原则。

10.1.2 铁路的养护与维修施工应积极采取措施，保护高寒植被，减少植被破坏；保持冻土层稳定；保护源头水体、湿地和自然景观，避免因施工引起土地沙化、湿地萎缩、草场退化、水质污染及新的环境灾害。

10.1.3 工程施工中应采取措施，保护沿线野生动物的栖息环境和迁移通道，严禁猎杀、捕捉野生动物。

10.1.4 工程施工中应采取措施，限制临时工程等活动范围，在施工结束后应给予必要的环境恢复。

10.2 生态环境保护

10.2.1 在沿线自然保护区的实验区内施工时，应减少对原始植被的破坏，施工结束后，应对破坏的植被进行恢复或妥善处理。

10.2.2 在野生动物主通道中施工时，应减少对原始地貌和植被的破坏，不得设置取弃土场，不宜设置大型施工场地、施工营地。

10.2.3 施工中产生的各类弃土弃渣应加强调配，不能利用的应按设计要求或选择地势低洼、无地表径流、植被稀疏、适当远离线路的地方堆弃，严禁侵占河道、湖泊、湿地、自然保护区的核心区和缓冲区，不宜占用高寒植被发育的草地资源，较大的弃土弃渣场应按设计要求对其坡脚进行挡护，渣顶进行平整、覆盖、设置排水设施。

10.2.4 在河道管理范围内，不得堆置弃渣、垃圾等。工程确需采砂、取土和在河滩上存放物料、建房时，必须报经有关主管部门批准。

10.2.5 对取土场的草甸植被，在施工中应先将其分割划块铲起，然后移植于适当的地方培植，以备利用。

10.2.6 临时工程的修建不得切割、阻挡地表径流，不得在临时工程附近形成新的积水洼地。

10.2.7 工程施工中应避免在固定、半固定沙地内取弃土和破坏沙生植被，在流动沙丘、沙地地段取弃土时，应选择其下风侧并采取平整、覆盖措施。

10.2.8 施工便道、施工营地、施工场地及取弃土场应按设计要求布置，不得设置在大面积湿地分布的区域，不得随意扩大范围。

10.2.9 施工场地、施工营地、施工便道等大临工程的用地应在划定的范围内并备案，不得随意扩大。

10.3 冻土环境保护

10.3.1 施工前应依据设计文件对施工段沿线多年冻土工程

地质条件进行现场调查、核对，严格按设计要求完成冻土环境保护工程。

10.3.2 基坑开挖工程应注意各道工序的衔接，减少基坑的暴露时间，必要时采取遮阳隔热措施。

10.3.3 取土坑、取土场应按指定的位置、数量及规模设置。不得在高含冰量冻土地段、植被发育地段、横坡明显地段、热融滑塌发育地段取土。

10.3.4 填筑施工便道时，可直接在原地面修筑，不得铲除地表植被。

10.3.5 施工车辆和施工机械应按规定线路行驶，不得随意行驶。

10.4 环境污染防治

10.4.1 各项工程及施工场地在施工中产生的生产废水应采取沉砂、隔油等处理措施，并宜综合利用。

10.4.2 施工营地等产生的生活污水宜处理后综合利用。

10.4.3 施工场地、施工便道应采取湿法作业；土石方运输车辆应采取加盖篷布密闭措施。

10.4.4 施工人员餐饮、取暖宜选用清洁能源。

10.4.5 施工期和施工结束后各施工场地、施工营地应设点分类收集生产、生活垃圾并采取综合处理措施。

附录A 冻土相关术语

A.0.1 冻土 frozen ground(soil,rock)

具有负温或零温度(0 ℃)并含有冰的土(岩)。

A.0.2 多年冻土 perennially frozen ground, permafrost

冻结状态持续时间二年或二年以上的冻土。

A.0.3 季节冻土 seasonally frozen ground

地壳表层寒季冻结,暖季又全部融化的土(岩)。

A.0.4 隔年冻土 pereletok

寒季冻结,翌年暖季未融化的冻土。

A.0.5 盐渍化冻土 saline frozen soil

冻土中当易溶盐的含量超过规定的限值时称盐渍化冻土。

A.0.6 泥炭化冻土 frozen soil of peatification

冻土中当土的泥炭化程度超过规定的限值时称泥炭化冻土。

A.0.7 衔接多年冻土 connected frozen ground

直接位于季节融化层之下的多年冻土。

A.0.8 不衔接多年冻土 detachment of frozen ground

季节冻结层的冻结深度浅于上限的多年冻土。

A.0.9 多年冻土天然上限 natural permafrost table

天然条件下,多年冻土层顶板的埋藏深度。

A.0.10 多年冻土人为上限 artificial permafrost table

人为条件影响下,多年冻土层顶板的埋藏深度。

A. 0. 11　多年冻土下限　permafrost base

多年冻土层的底面。

A. 0. 12　融土　thawed soil(rock,ground)

脱离了冻结状态的土(土的实际温度已高于它的冻结温度,不含冰),称为融土。

A. 0. 13　季节冻结层　seasonal freezing layer

每年寒季冻结、暖季融化的地壳表层,其下卧层为非冻结层或不衔接多年冻土层。

A. 0. 14　季节融化层(季节活动层)　**seasonal thawing layer**

每年寒季冻结、暖季融化的地壳表层,其下卧层为多年冻土层。

A. 0. 15　标准冻深　standard thawing depth

对于地下水位与冻结锋面之间的距离大于 2 m 的非冻胀黏性土,在地表平坦、裸露和城市之外的空旷场地中,多年(不少于 10 年)实测最大冻深的平均值。

A. 0. 16　标准融深　standard freezing depth

在衔接多年冻土地区,对于非融沉性黏性土,在地表平坦、裸露的空旷场地中,多年(不少于 10 年)实测最大融深的平均值。

A. 0. 17　冻土地温特征值　characteristic value of ground temperature

冻土年平均地温、地温年变化深度、活动层底面以下的冻土地温年平均值、年最高和年最低地温的总称。

A. 0. 18　地温年变化深度　depth of zero annual amplitude of ground temperature

地表以下,地温在一年内相对恒定的深度。通常取地温变化不超过±0.1 ℃的深度，也称年零较差深度。

A.0.19 年平均地温 mean annual ground temperature

地温年变化深度处的地温。

A.0.20 地温年振幅 annual amplitude of temperature in ground

地表或地中某点，一年中地温最高和最低值之差的一半。

A.0.21 冻土总含水率 water content in frozen soil

冻土中所含冰和未冻水的总质量与干土质量之比。

A.0.22 未冻水含量 unfrozen-water content

在一定负温条件下，冻土中未冻水的质量与干土质量之比。

A.0.23 相对含冰率 relative ice content

冻土中冰的质量与全部水质量之比。

A.0.24 冻结指数 freezing index

一年中低于0 ℃的气温与其相应持续时间乘积的代数和。

A.0.25 融化指数 thawing index

一年中高于0 ℃的气温与其相应持续时间乘积的代数和。

A.0.26 融化下沉系数 thaw-settlement coefficient

冻土融化过程中，在自重作用下产生的相对融化下沉量。

A.0.27 融化压缩系数 thaw compressibility coefficient

冻土融化后，在单位荷重下产生的相对压缩变形量。

A.0.28 冻胀量 amount of frost-heaving

土体在冻结过程中的冻胀变形增量。

A.0.29 冻胀率 frost heaving ratio

单位冻结深度的冻胀量。

A.0.30 冻胀力 frost-heaving forces

土的冻胀受到约束时产生的力。

A. 0. 31　切向冻胀力　tangential frost-heave forces

地基土在冻结膨胀时,沿切向作用在基础侧表面的力。

A. 0. 32　法向冻胀力　normal tangential frost-heave force

地基土在冻结膨胀时,沿法向作用在基础底面的力。

A. 0. 33　水平冻胀力　horizontal frost-heave force

地基土在冻结膨胀时,沿水平方向作用在结构物或基础表面上的力,包括沿切向和法向的作用。

A. 0. 34　冻结强度　freezing strength

土与基础侧表面冻结在一起的剪切强度。

A. 0. 35　冻土抗剪强度　shear strength of frozen soils

冻结土体抵抗剪应力的强度。

A. 0. 36　整体状构造　massive cryostructure

冻土内没有肉眼能看得到的较大冰体的构造。

A. 0. 37　层状构造　layered cryostructure

冻土内的冰呈层状分布的构造。

A. 0. 38　网状构造　reticulated cryostructure

冻土内由不同大小、形状和方向的冰体形成大致连续网格的构造。

A. 0. 39　冰夹层　ice layers

层状和网状构造冻土中的薄冰层。

A. 0. 40　包裹冰　ice inclusion

除胶结冰外,土中的孔隙冰、冰夹层、冰透镜体等地下冰体的总称。

A. 0. 41　起始冻结温度　initial temperature of freezing

土中孔隙水发生冻结的最高温度称为土的冻结温度或起始冻结温度。

A. 0. 42　冻结界(锋)面　freezing front

正冻地基土中位于冻结前沿起始冻结温度处的平(曲)面。

A. 0. 43　开敞系统　open system(freezing)

土在冻结过程中,冻层下部分水分向冻结面不断迁移的系统。

A. 0. 44　封闭系统　closed system(freezing)

土在冻结过程中,没有外来水分进行补充的系统。

A. 0. 45　冻土盐渍度　salinity of frozen soil

冻土中易溶盐的质量与土骨架质量之比。

A. 0. 46　泥炭化程度　degree of peatification

冻土中植物残渣和泥炭的质量与土骨架质量之比。

A. 0. 47　冻土现象　features related to frozen ground

土体中水的冻结和融化作用所产生的新形成物和中小型地形。如冰椎、冻胀丘、融冻泥流和热融滑塌等冻土现象。

A. 0. 48　自然通风基础的通风模数　ventilation modulus of natural ventilation foundation

通风空间中进气孔与排气孔的总面积与建筑物平面外部轮廓所包面积的比值。

A. 0. 49　热桩(热管桩)　thermal pile(pile of heat pipe)

内部采用了液汽两相转换对流热虹吸(重力式低温热管)装置的桩基。

A. 0. 50　热棒基础　thermal probe foundation

将重力式低温热管插入基础中或放置侧面的基础系统。

A. 0. 51　融化盘　thaw bulb under heated building

采暖建筑物下,多年冻结地基土的一部分发生融化,融化界面形如盘、盆状,故称融化盘。

附录B　土的季节融化深度与冻结深度*

B.0.1　土的季节融化深度。

标准融深 Z_0^m 为衔接多年冻土地基的融化层属非融沉性黏性土，地表平坦，裸露的空旷场地中，多年（不少于 10 年）实测最大融深的平均值（自融前地面算起）。

标准融深 Z_0^m，应以当地实测资料为准，青藏高原（高海拔多年冻土区）地区标准融深 Z_0^m 在无实测资料时可按式 B.0.1-1 计算。

$$Z_0^m = 0.195\sqrt{\sum T_m} + 0.882 \quad (m) \qquad (B.0.1\text{-}1)$$

式中　$\sum T_m$——融化指数的标准值（度·月），应以当地实测资料为准；对无实测资料的山区（$\sum T_{m1}$ 适用于青海境内，$\sum T_{m2}$ 适用于西藏地区）可按下式计算。

$$\sum T_{m1} = (10\,722.7 - 141.25L - 114.0H)/30$$

$$\sum T_{m2} = (9\,757.7 - 71.81L - 140.48H)/30$$

其中，L——纬度（°）；

H——海拔（100 m）。

* 本附录节选自《冻土工程地质勘察规范》(GB 50324)。

设计融深 Z_d^m 按式 B.0.1-2 计算。

$$Z_d^m = Z_0^m \cdot \Psi_s^m \cdot \Psi_w^m \cdot \Psi_c^m \cdot \Psi_{t0}^m \quad (B.0.1\text{-}2)$$

式中　$\Psi_s^m, \Psi_w^m, \Psi_c^m, \Psi_{t0}^m$——各融深影响系数，可按表 B.0.1 取值。

表 B.0.1　融深影响系数

项目	Ψ_s^m				Ψ_w^m					Ψ_{t0}^m			Ψ_c^m
	土质（岩性）影响				湿度（融沉性）影响					地形影响			
内容	黏性土	细砂、粉砂、粉土	中砂、粗砂、砾砂	碎石土	不融沉	弱融沉	融沉	强融沉	融陷	平坦	阴坡	阳坡	地表草炭覆盖
Ψ	1.00	1.20	1.30	1.40	1.00	0.95	0.90	0.85	0.80	1.00	0.90	1.10	0.70

B.0.2　土的季节冻结深度。

标准冻深 Z_0 为地下水埋深与冻结锋面之间的距离大于 2 m，非冻胀黏性土、地表平坦、裸露、城市之外的空旷场地中，多年（不少于 10 年）实测最大冻深的平均值（自冻前地面算起）。

设计冻深 Z_d 可按下式计算。

$$Z_d = Z_0 \cdot \Psi_{zs} \cdot \Psi_{zw} \cdot \Psi_{zc} \cdot \Psi_{zt0} \quad (B.0.2)$$

式中　$\Psi_{zs}, \Psi_{zw}, \Psi_{zc}, \Psi_{zt0}$——各冻深影响系数，按表 B.0.2 查取。

表 B.0.2　冻深影响系数

项目	Ψ_{zs}				Ψ_{zw}					Ψ_{zc}			Ψ_{zt0}		
	土质（岩性）影响				湿度（冻胀性）影响					周围环境			地形影响		
内容	黏性土	细砂、粉砂、粉土	中砂、粗砂、砾砂	碎石土	微冻胀	弱冻胀	冻胀	强冻胀	特强冻胀	村镇旷野	城市近郊	城市市区	平坦	阳坡	阴坡
Ψ	1.00	1.20	1.30	1.40	1.00	0.95	0.90	0.85	0.80	1.00	0.95	0.90	1.00	0.90	1.10

注：(1)土的湿度（冻胀性）影响一项，见表 2.2.1；

(2)周围环境影响一项，城市市区人口为 20 万～50 万人，只考虑城市市区的影响；50 万～100 万人，应考虑 5～10 km 的近郊范围；大于 100 万人，尚应考虑 10～20 km 的近郊范围。

附录C　冻土地温观测

C.0.1　冻土层地温观测应观测各深度冻土温度，以及它们随时间与环境的变化过程。根据冻土地温观测可计算土的季节冻结和季节融化深度、冻土地温年变化深度、冻土年平均地温、冻土下限等冻土层地温特征参数。

C.0.2　冻土层地温观测孔应设置在典型的自然环境条件和地貌单元中，或监测区域范围内未受人为（工程）干扰的天然场地。

C.0.3　冻土层地温观测深度应达到年变化层深度（地面下15～20 m）。作为地域控制性长期监测孔的观测深度宜超过多年冻土下界面（下限）以下5 m。

C.0.4　观测孔应采用钻探成孔，终孔直径不宜小于ϕ90 mm，孔中插入ϕ32 mm以上底部密封的铝塑管或钢管（或不锈钢管），保证其外部水不能渗入测温管内。管周用颗粒粒径0.5～2 mm的砂振动回填。

C.0.5　地温观测宜采用热敏电阻或铂电阻温度感应器，观测温度精度为0.05 ℃，二次量测仪表应采用4位半及以上的数字万用表或数据采集仪，输出电流小于10 μA。

C.0.6　冻土层地温测点布置应符合下列要求：

1. 观测深度应达到地温年变化深度以下1 m。

2. 温度传感器测点从地面起算，表部10 m深度范围内，按0.5 m间隔布设，10 m以下按1 m间隔布设，或根据工程需求作适当调整。

C.0.7 冻土地温观测时间应符合下列要求：

1. 地温观测可在成孔后进行，年平均地温应在地温恢复稳定后取得。

2. 地温观测半年内每月应不少3次，半年至一年每月不少于1次。

3. 长期(一年以上)观测孔应根据工程需要设定观测频次。

4. 最大季节融化深度观测时间宜在9—11月，最大季节冻结深度观测时间宜在3—5月。

C.0.8 冻土地温观测记录表见表C.0.8。

表C.0.8 冻土地温观测记录表

观测孔位置：＿＿＿＿＿＿＿＿ 钻孔编号：＿＿＿＿

坐标：N＿＿°＿′＿″ E＿＿°＿′＿″

天气状况：＿＿＿＿ 气温：＿＿℃ 观测日期：＿＿年＿＿月＿＿日

深度/m	观测值	温度值	备注	深度/m	观测值	温度值	备注

观测者：＿＿＿＿ 计算者：＿＿＿＿ 校核者：＿＿＿＿

C.0.9 冻土地温观测资料整理，以水平线为冻土地温，垂直线为深度，绘制不同观测时间的冻土地温沿深度的分布曲线。与0℃地温处垂直深度线相交的最深点即为多年冻土上限(10月份左右)。

附录D 多年冻土上限的确定

D.0.1 根据当地气象台站多年观测资料，编制如图D.0.1所示的融化进程图。当无气象资料时，可用图D.0.1进行多年冻土上限深度的估算。

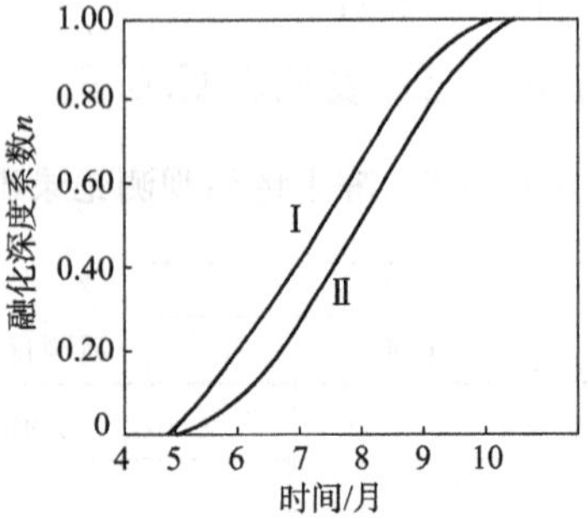

图D.0.1 融化进程图

图中Ⅰ线的应用条件为地表植被不太发育（包括无植被或植被稀疏）、浅层土中含有少量草炭。Ⅱ线应用条件为地表沼泽化、植被繁茂，浅层土中草炭含量及厚度大。

D.0.2 野外勘探时，可用触探法（用钢钎插入土中，根据融土硬度小、冻土硬度大的原理判别当时的融化深度）、描述法（根据融土颜色深、无冰晶和冻土颜色浅、含冰晶等特点判别当时融化深度）或测温法确定当时的融化深度。

D.0.3 按野外勘探时间和地表植被情况，在融化进程图上选择相应的曲线，确定融化深度系数n，并根据勘探时所得的融化

深度 ΔZ，计算多年冻土上限深度。

D.0.4 多年冻土上限深度按下式计算。

$$Z_n=\frac{\Delta Z}{n} \tag{D.0.4}$$

式中 Z_n——多年冻土上限深度(m)；

ΔZ——勘察时所得的融化深度(m)；

n——查图 D.0.1 所得勘探时所对应的融化深度系数。

附录E　冻土地温特征参数计算*

E.0.1　多年冻土地基、基础的热工计算和设计，常常需要地温年变化带中某些特定深度处的地温值，称为冻土地温特征参数。常用的冻土地温特征参数有：

1. 多年冻土的年平均地温值。

2. 多年冻土上限处地温的年平均值、最高值、最低值。

3. 建筑物基础底面埋深处冻土地温的年平均值、最高值、最低值等。

冻土地温特征参数，一般应通过现场钻孔测温确定，在无条件时，可参考 E.0.2 计算。

E.0.2　根据现场钻孔一次性测温资料，按下面各式计算地温特征参数。采用该方法时，测温钻孔深度应大于 15 m。

假设：

1. 测温钻孔底深度 d 处多年冻土的地温为 t_d，距离孔底 L(3～5 m)处的地温为 t_L，多年冻土上限埋深(季节融化深度)的多年平均值为 h_z。

2. 多年冻土上限处地温的年振幅等于年平均地温的绝对值。

3. 不同深度的年平均地温随深度按线性变化，地温年振幅随深度增加按指数规律衰减。

---

* 本附录节选自《冻土工程地质勘察规范》(GB 50324)。

4. 计算时土中水分无相变，即不考虑土体冻结、融化过程潜热放出、吸收所引起的地温变化。

地温特征参数计算。

(1)地温梯度 ξ：

$$\xi=\frac{t_d-t_L}{L} \tag{E. 0. 2-1}$$

(2)上限处地温年平均值 t_z、最高值 t_{zmax}、最低值 t_{zmin}：

$$t_z=t_d-\xi\times(d-h_z) \tag{E. 0. 2-2}$$

$$t_{zmax}=0 \tag{E. 0. 2-3}$$

$$t_{zmin}=-2t_z \tag{E. 0. 2-4}$$

(3)自上限起算的地温年变化深度 H：

$$H=\sqrt{\frac{\alpha\tau}{\pi}}\times\ln(\frac{t_z}{A_0}) \tag{E. 0. 2-5}$$

式中 A_0——年变化带底部地温的年振幅，采用 0.1 ℃；

α——多年冻土导温系数的平均值(m^2/h)；根据多年冻土的岩性成分、物理性质，查《冻土工程地质勘察规范》附录 C 中表 C. 0. 2-1～表 C. 0. 2-4，经加权平均计算确定；

τ——年周期(8 760 h)。

(4)多年冻土年平均地温 t_{cp}：

$$t_{cp}=t_d-\xi\times(d-H-h_z) \tag{E. 0. 2-6}$$

(5)上限以下任意深度(自地面起算)h_x处地温的年平均值 t_x、最高值 t_{xmax}、最低值 t_{xmin}：

$$t_x=t_d-\xi\times(d-h_x) \tag{E. 0. 2-7}$$

$$t_{xmax}=t_x+A_x \tag{E. 0. 2-8}$$

$$t_{xmin}=t_x-A_x \tag{E. 0. 2-9}$$

式中 A_x——基础底面埋深(自上限起算)H($H=h_x-h_z$)处

地温的年振幅(℃)。采用以下公式计算。

$$A_x = A_u \times \exp(-H \times \sqrt{\pi/\alpha t}) \qquad (E.0.2\text{-}10)$$

其中，A_u——上限处地温的年振幅，数值上等于上限处年平均地温的绝对值。

E.0.3 计算说明：

1. 地温梯度计算[式(E.0.2-1)]，要求采用地温年变化带以下的地温。如果采用的地温计算出来的地温年变化带深度大于投入运算点的埋深时，需重新选点进行计算。

2. 多年冻土上限埋深的多年平均值 h_z 应根据实际勘探和调查资料确定。

3. 为提高计算精度，钻孔测温间距在 5 m 深度内以 0.5 m 为宜，5 m 深度以下可采用 1 m。

附录F 冻土钻探方法要点

F.0.1 钻探前应确认和核对钻孔位置、深度，并按钻探目的、要求，搜集有关冻土工程地质资料，做好钻探机具、设备等的准备工作。

F.0.2 钻探设备的选择，在满足工程技术要求的前提下，根据施钻地区的交通条件和运输工具确定。交通困难地区，应尽量轻装。

F.0.3 冻土钻探的岩芯管接头应带弹子（或适宜的代用品）。提钻前需瞬时加压，当提钻发现岩芯脱落时，可改用直径小一级的岩芯管钻进取芯，所取岩芯直径应满足试验要求。

F.0.4 岩芯管中取芯，通常使用锤击钻头、热水加温岩芯管、空蹲岩芯管及缓慢泵压退芯等方法。取出的岩芯应自上而下按顺序摆放，并标记好回次进尺、深度。

F.0.5 应设置护孔管及套管，保持冻土层孔壁的稳定。护孔管及套管应固定在地表，以稳定地面高程和防止套管脱落于孔内。起拔冻土孔内的套管，一般采用振动拔管或用热水对套管加温，也可在原孔四周钻小口径钻孔辅以振动拔管。

F.0.6 因故不能连续钻探时应将钻具及时提出，以防止钻具冻在孔内。

F.0.7 应按有关规定和技术要求，分层取样送检。

记　　事

记　事

记　　事